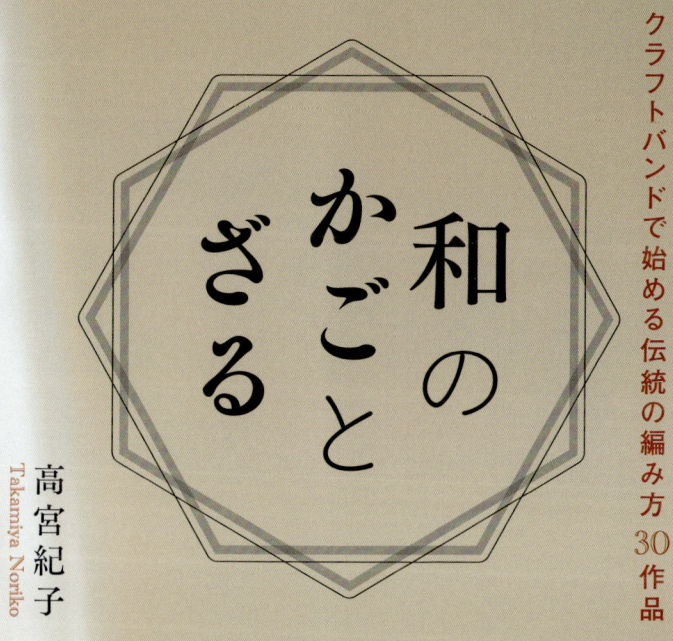

クラフトバンドで始める伝統の編み方 30作品

和のかごとざる

高宮紀子
Takamiya Noriko

誠文堂新光社

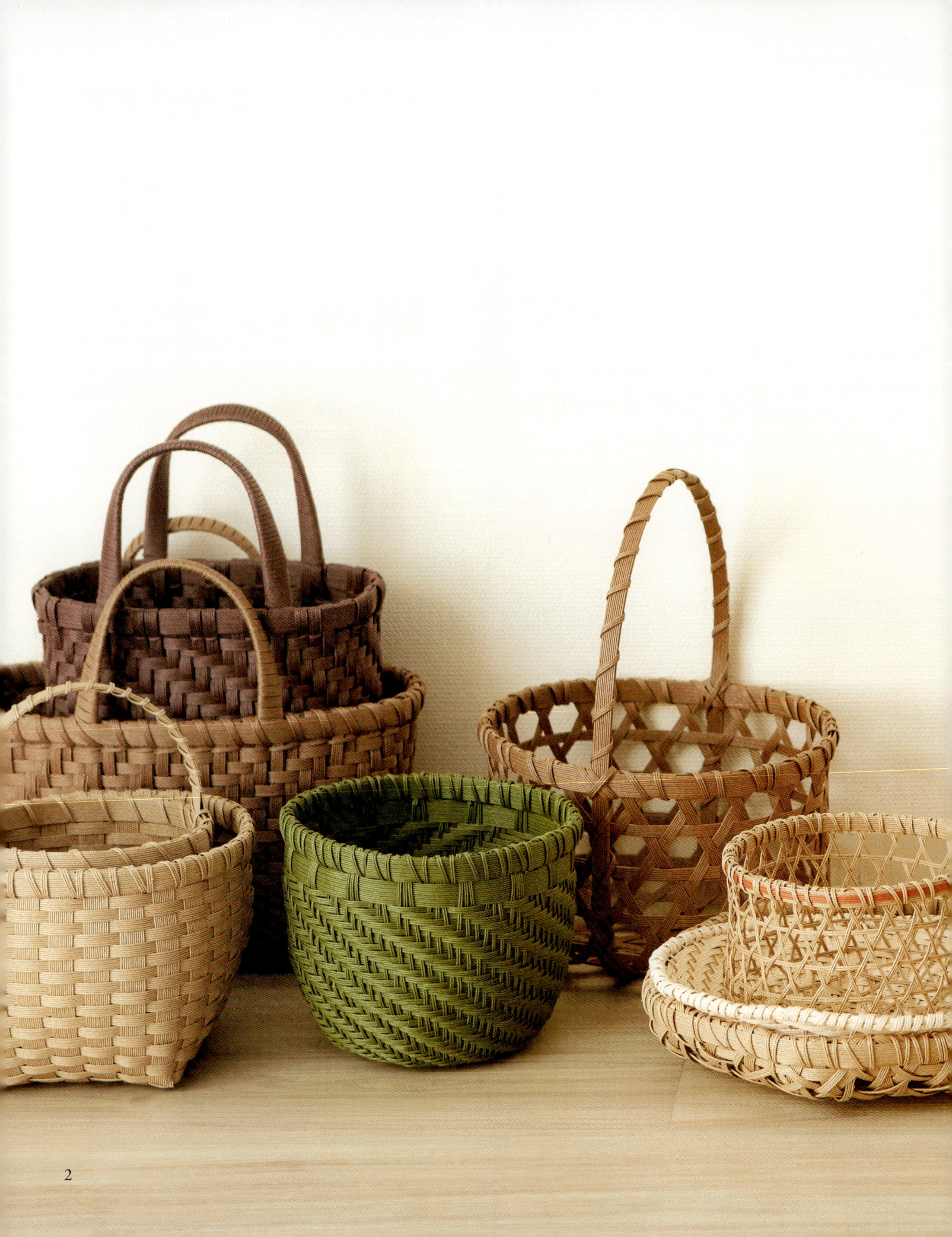

日本には伝統的な編み組みのかごがたくさんあります。
それらは長い間いろいろな場面で活躍し、暮らしを便利に、また豊かにしてきました。
例えば竹、ツルや樹木の内皮、樹皮、草本類の繊維など、それぞれの植物の特徴を生かした編み方でかごが作られています。
この本では、作り手が長年にわたって積み重ねてきた編み方を取り上げながら、自然な編み組みの風合いを残すため、接着剤を使わずに簡単に楽しくかご作りができるような作品を考えました。
水に浸けて準備する、あるいは加工するなどの手間が掛からないクラフトバンドを使い、伝統的なかごの編み方にチャレンジしてみてください。

高宮紀子

もくじ

6 ページ
01
小六つ目の
かご

7 ページ
02
六つ目の
ざる

8 ページ
03
六つ目の
リンゴかご

9 ページ
04
渦模様の
平ざる

10 ページ
05
横長のバッグ

10 ページ
06
縦長のバッグ

11 ページ
07
長持ち手つきの
かご

12 ページ
08
ふたつきの
かご

13 ページ
09
六角形の
ざる

14 ページ
10
四角底の
かご

14 ページ
11
持ち手つき
四角底のかご

15 ページ
12
麻の葉編みの
バッグ

16 ページ
13
ランチョンマット

17 ページ
14
長細の
四角かご

17 ページ
15
コースター

18 ページ	19 ページ	20 ページ	21 ページ	22 ページ
16 模様編みの バッグ	*17* ギザギザ縁の 小かご	*18* 毬	*19* 小毬	*20* 持ち手つきの 横長かご

23 ページ	24 ページ	24 ページ	25 ページ	26 ページ
21 四角のかご	*22* みだれ編みの 小かご	*23* 丸縁の小かご	*24* 模様編みの 四角かご	*25* 脚つきの 茶碗かご

27 ページ	28 ページ	29 ページ	30 ページ	31 ページ
26 四角形の ざる	*27* 組み編みの バッグ	*28* 丸縁の 大かご	*29* 丸底のかご	*30* 花結びの バッグ

作る前に…32
道具、材料…32
クラフトバンドのカラーバリエーション…33
クラフトバンドの割き方、クラフトバンドの扱い方…34
編み方の種類、編み目の揃え方…35

作品の作り方…36

01 ◆ 小六つ目のかご

少し深めのかごは、シンプルで美しい六つ目編みで仕上げました。縁にプラスしたもう1色が程よいアクセントになり、全体を引き締まった印象にしてくれています。

how to make >> 52ページ
size >> 直径18×高さ12㎝

02 ◆ 六つ目のざる

1色で組んだ六つ目編みのざる。使い勝手のいい大きさは、テーブル周りの細々としたものの片づけにぴったりです。存在感のある形は、置くだけで部屋をおしゃれな雰囲気にしてくれそうです。

how to make >> 36ページ
size >> 直径21×高さ9㎝

03 ◆ 六つ目のリンゴかご

津軽地方の伝統工芸品として知られているリンゴの収穫用かごをモチーフにした、持ち手つきの六つ目かご。愛らしい佇まいはそのままに、使いやすい小さなサイズに仕上げました。

how to make >> 54ページ
size >> 25×17×高さ15.5cm

04 ◆ 渦模様の平ざる

渦を巻くように放射状に広がった編み目の模様が美しい大小のざる。小さいサイズは平らに、大きいサイズは少し高さを出すように編みました。サイズを変えるだけでもさまざまな表情が楽しめます。

how to make >> **40ページ**
size >> 小　直径21.5×高さ2cm
　　　　大　直径27×高さ6cm

05 ◆ 横長のバッグ

クルミの樹皮かごをモチーフにした技法で編んだ、横長のかごバッグ。シックな色で作れば、コーディネートを選ばず使える万能なバッグとして、普段使いのおしゃれにぴったりです。

how to make >> 56ページ
size >> 27×11×高さ18cm

06 ◆ 縦長のバッグ

山ブドウのかごからデザインのヒントを得たカチッとした印象のバッグ。持ち手を程よい長さにすることで、縦長でも持ちやすい、使い勝手のいいバッグになりました。

how to make >> 58ページ
size >> 20×11×高さ25cm

07 ◆ 長持ち手つきのかご

長い持ち手のかごは、部屋の片づけにも、インテリアのアクセントとしても活躍してくれそうなデザイン。縁は細い幅の材をもじり編みにして、編み目に変化を加えました。

how to make >> 60ページ
size >> 直径18×高さ21cm

08 ふたつきのかご

6本幅の材であじろ編みをしたふたつきのかご。おむすびやサンドイッチなどを入れる弁当箱として、また道具類などの片づけ箱としても使える、嬉しいふたつきの優れものです。

how to make >> 62ページ

size >> 本体　10.5×14.5×高さ9㎝
　　　　ふた　13×17×高さ4㎝

09 六角形のざる

装飾的な編み目が特徴の六角形のざる。組んだ六つ目に材を足し入れ、複雑な六つ目を作っていきます。形はシンプルなので、日常使いの茶盆や菓子盆としても重宝しそうです。

how to make >> **64ページ**

size >> **直径28×高さ4.5cm**

10 ◆ 四角底のかご

細々したものをササッとまとめるときに便利な大きさの小かご。落ち着いた色合いのバンドで作れば、ナチュラルテイストの部屋にもしっくりとよく似合います。

how to make >> 44ページ
size >> 直径19×高さ15cm

11 ◆ 持ち手つき四角底のかご

10と同じ編み方で作った、小さめサイズのかご。縁の始末を少し変えて、持ち手をつけました。使いやすいサイズなので、色違いのお揃いで仕立てても素敵です。

how to make >> 66ページ
size >> 直径15×高さ12cm

12 ◆ 麻の葉編みのバッグ

組み目で連続の麻の葉模様を表現した六角形のバッグ。マチが広くて、ちょっとしたお出掛けにちょうどいいサイズ。持ち手には飾りの材を足して少しこだわり、さりげなく個性をプラスしました。

how to make >> **68ページ**

size >> 25×高さ19×マチ9cm

13 ◆ ランチョンマット

敷くだけでいつもの食卓がちょっとだけおしゃれに見えるランチョンマット。少しの時間で簡単に作れるので、初めての方におすすめです。テーブルセットを考えるのが楽しくなりそうです。

how to make >> 70ページ

size >> 29×36㎝

14 ◆ 長細の四角かご

食卓にあると便利なカトラリー入れをクラフトバンドで仕立てました。生活感が出がちなカトラリー類は、かごに入れるだけで洗練されたテーブルセットに見えます。

how to make >> 72ページ
size >> 22×10×高さ6.5cm

15 ◆ コースター

少しのクラフトバンドで気軽に作れるコースター。1色で組めば落ち着いた和の雰囲気に。かごやざるを作って余った材を多色で組み合わせるのもおすすめです。

how to make >> 71ページ
size >> 大 13×13cm 小 11×11cm

16 ◈ 模様編みのバッグ

お出掛けが楽しくなりそうなかごバッグ。2つの単色のバンドにストライプのバンドを編み入れて、個性的なジグザグ模様を浮かばせました。容量があるので、お買い物バッグとしても活躍してくれそうです。

how to make >> 74ページ
size >> 23×10×高さ20cm

17 ◈ ギザギザ縁の小かご

なたを入れていたかごをモチーフに仕立てた飾りかごは、ギザギザの縁がポイント。選ぶバンドの色で違った雰囲気が出せるので、和洋問わず、どんなインテリアにもおすすめです。

how to make >> 67ページ
size >> 15×高さ19㎝

18 ◈ 毬

大小の毬は和室にぴったりのインテリア小物として、コーディネートが難しい和室をおしゃれに演出できるアイテムです。猫の玩具としても活躍してくれそうです。

how to make >> 76ページ

size >> 大　直径16㎝　小　各直径10㎝

19 ◈ 小毬

愛らしい小さなサイズの毬は、何色かでたくさん作って飾るのがおすすめ。飾り棚や玄関に季節の植物と一緒にしつらえても素敵です。プレゼントとしても喜ばれる一品です。

how to make >> 78ページ

size >> 各直径5.5cm

20 ◆ 持ち手つきの横長かご

バンドを割かずにそのままの幅で使い、側面にジグザグ模様を浮かび上がらせました。容量があり出し入れも楽なので、部屋に散らかりがちな本や新聞などを整理するのにちょうどいいアイテムです。

how to make >> 80ページ
size >> 26×14×高さ14cm

21 ◈ 四角のかご

太いバンドでざっくりと隙間を
空けて組んだ小さなかご。ラフ
で軽やかな雰囲気が魅力です。
来客用のおもてなしの菓子入れ
としても活躍してくれそうです。

how to make >> 82ページ
size >> 12.5×12.5×高さ8.5㎝

22 ◈ みだれ編みの小かご

小さくても存在感のある、みだれ編みのかご。型には丸めた新聞紙を使い、自由に編み重ねます。花を添えて窓辺や玄関にさりげなく飾るだけで、部屋全体を明るい印象にしてくれそうです。

how to make >> 84ページ
size >> 直径8×高さ9㎝

23 ◈ 丸縁の小かご

コロンとした丸い形が愛らしい小さなかご。シンプルな組み目は小花やグリーンとも相性がいいので、インテリアのアクセントとして、一輪挿しを入れて飾ってみてください。

how to make >> 85ページ
size >> 直径9.5×高さ8㎝

24 ◆ 模様編みの四角かご

布巾やコースターなどの片づけかごとして、また細々とした食品のストックかごとしても使える四角かご。初めてでも作りやすいシンプルな作りで、実用性も高いアイテムです。

how to make >> 83ページ
size >> 18×18×高さ11.5cm

25 ◆ 脚つきの茶碗かご

洗いものの水切りに使用した茶碗かごをモチーフにデザインしました。素朴な趣きのある、脚のついた独特の形や大きな編み目が特徴です。キッチン周りの整理整頓にも役立ちます。

how to make >> 86ページ
size >> 直径23×高さ16.5cm

26 ◆ 四角形のざる

ざるは普段使いにとても重宝するアイテム。整然としたシンプルな形が魅力です。猪口や小皿の片づけに、生活感の出るものもおしゃれに収納できます。

how to make >> **88ページ**
size >> **24×24×高さ6cm**

27 ◆ 組み編みのバッグ

組みの流れを変化させることで、個性的な印象のバッグに。シックな色を選んで作ることで、洋服にも着物にも合うコーディネートしやすい万能バッグになります。

how to make >> 47ページ
size >> 23×6×高さ20㎝

28 ❖ 丸縁の大かご

大容量の丸いかご。縁材をつけずに、本体のクラフトバンドをそのまま倒して縁を始末しました。シンプルなデザインは和室だけでなく、北欧風のインテリアにもよく合います。

how to make >> 89ページ
size >> 直径28×高さ25cm

29 ✧ 丸底のかご

流れるような斜めの繊細な編み目と縁の始末がポイントの丸底のかご。底を編んだらタテ材を細かく割き、細い編み材を使って編んでいきます。程よい大きさはくず入れにちょうどいいサイズです。

how to make >> 90ページ
size >> 直径19×高さ15cm

30 ◆ 花結びのバッグ

丸い花のような結び目を連ねたバッグ。しっかりとした結び目で厚みがあるので丈夫に仕上がります。明るい色で作れば、シンプルなコーディネートのアクセントとして重宝してくれそうです。

how to make >> 92ページ

size >> 27×20㎝

作る前に

事前に使う道具や材料のことについて知っておきましょう。

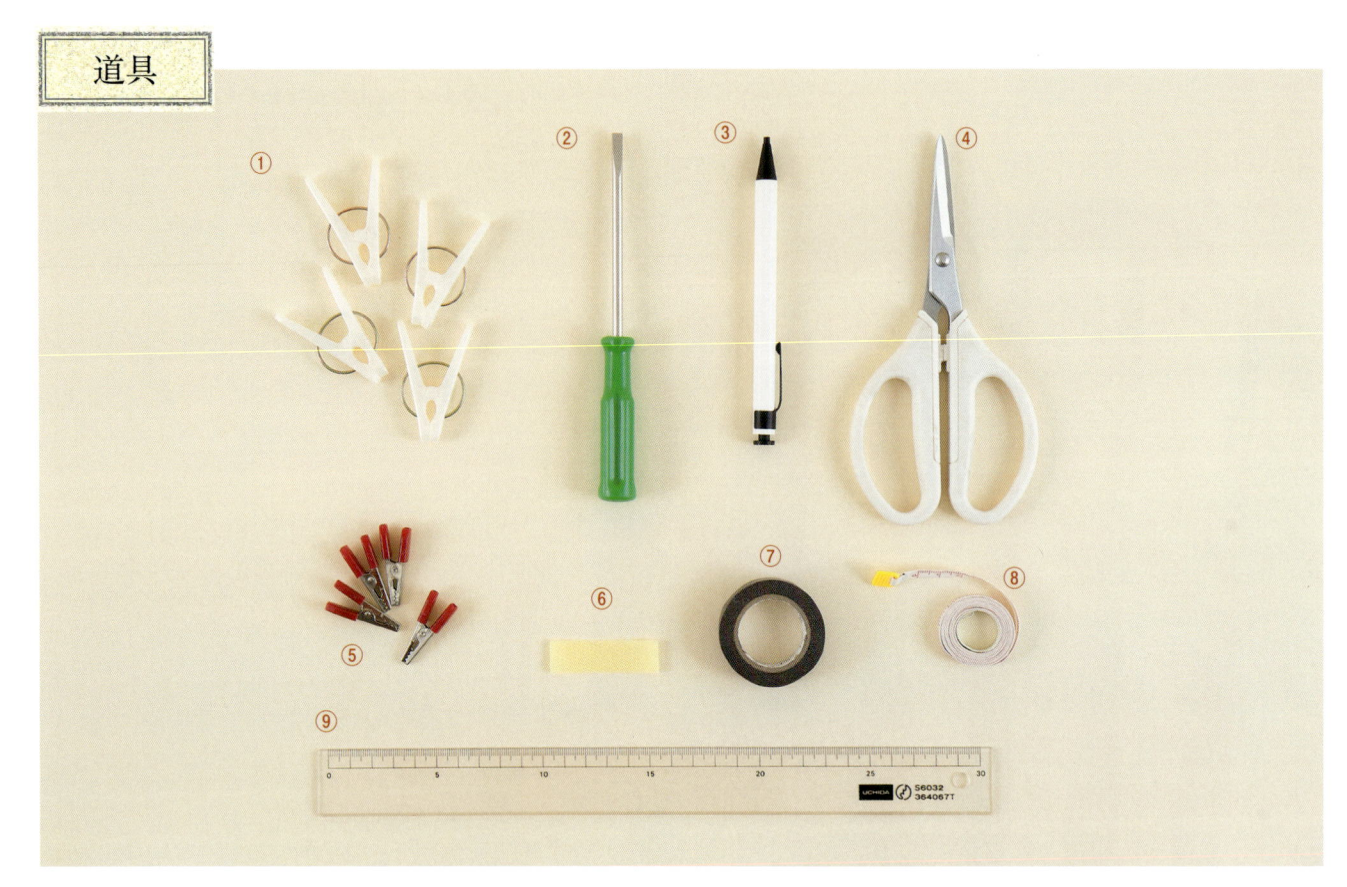

道具

①洗濯ばさみ
作業中にクラフトバンドを固定するときに使用する。何枚も重なった部分に使うと、しっかりと固定されるので、ほかの作業がしやすくなる。数個用意する。

②マイナスドライバー
編み目を整えるとき、目を詰めるとき、クラフトバンドを差し込むスペースを作るときなどに使用する。先が尖っていないので、バンドを傷つけない。目打ちなどでも代用可能だが、先でバンドを傷めないように注意する。

③印つけペン
クラフトバンドに印をつける場合に使用。鉛筆やシャープペンシルなどの消せるもの、または時間経過や摩擦熱で消えるペンなどを使用する。

④はさみ
先の細い、文具用のはさみ。クラフトバンドを切るときに使用する。

⑤ワニ口クリップ
作業中にクラフトバンドを軽く固定するときに使用する。2～3枚程度を固定する場合、小さなスペースでも使えるので便利。数個用意する。ホームセンターや電気店で購入できる。

⑥PPバンド
荷造り用のプラスチック製のバンドを短く切り、クラフトバンドを割くときに使う。摩耗するため、何枚か用意する。

⑦マスキングテープ
印をつけるとき、割いたクラフトバンドを束ねるときに使う。

⑧メジャー
クラフトバンドを長くカットするとき、また立体に仕上がったもののサイズを測るときに使う。

⑨定規
クラフトバンドの長さや仕上がりのサイズを測るときに使用する。

材料

クラフトバンド
紙製の細い12本のこよりを平らに接着し、1.5cm幅のテープ状に加工したもの。本書では、藤久株式会社のアミングテープを使用している。素材は再生パルプを使用。5m、10m、30m巻、25色のカラーバリエーションがある。

※一部13本・1.7cm幅のものがある。
※商品情報は2015年6月現在のもの。

実物大

クラフトバンドのカラーバリエーション

本書で使用しているクラフトバンドの色の種類を紹介します。

クラフト	パステルクリーム	茶	こげ茶	チョコ

柿渋	ダークレッド	赤	ワイン	ピンク

パステルピンク	黄色	水色	抹茶	渋紺

黒	白	薄ピンク×白	水色×白	抹茶×白

赤サンド	レンガサンド	抹茶サンド	サーモンMB	黒コーヒーMB

※色名はメーカーによる表示に準じて記載。クラフトバンドの問い合わせは下記へ。
藤久株式会社
愛知県名古屋市名東区高社1丁目210番地　TEL 0120-478-020　http://www.crafttown.jp/

クラフトバンドの割き方

クラフトバンドはPPバンドで割いて使用します。

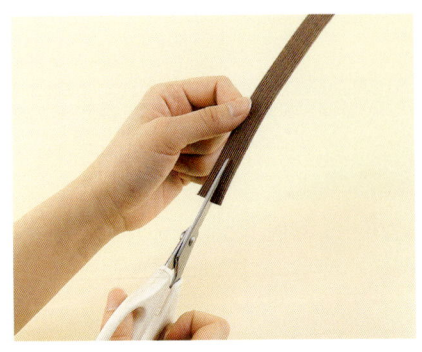

01 クラフトバンドの端に、はさみで2cm程度の切り込みを入れる。

02 切り込みにPPバンドを差し込み、片手でクラフトバンドの端を、もう片手でPPバンドを持つ。

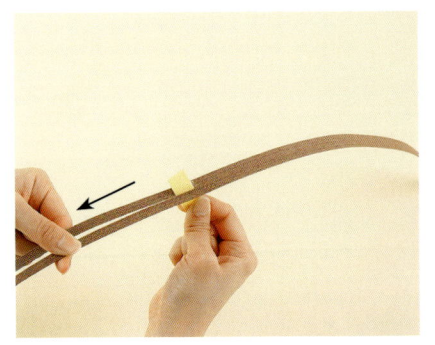

03 クラフトバンドを手前に引き、クラフトバンドを割く。PPバンドは何回か使用すると摩耗するので、何枚か替えを用意しておく。

1本幅　2本幅　3本幅　4本幅　6本幅　8本幅　10本幅　12本幅

材料の表記が「6本幅50cm×10本」という場合、50cmにカットしたクラフトバンドを6本幅に割き、10本用意するという意味。

クラフトバンドの扱い方

事前の準備で作業がスムーズになります。いくつかの点に気をつけて準備をしましょう。

くせをとる

巻きぐせのついたクラフトバンドは、カーブと反対側に指でつまみ、しごいてくせを取り、真っ直ぐな状態にしておくと、作業がしやすくなる。

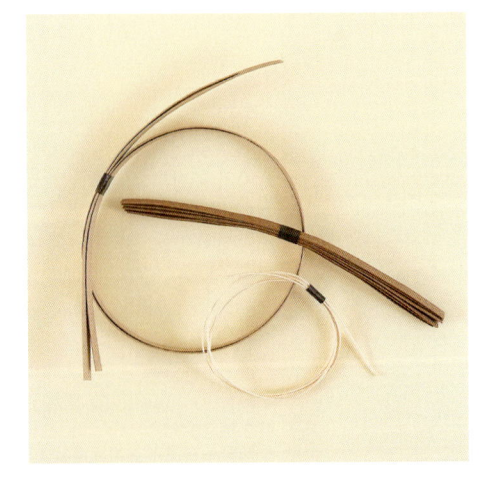

まとめる

カットし割いたクラフトバンドは、材料が混ざらないように、材料ごとにマスキングテープを使ってまとめておく。

編み方の種類

本書では、織りと組みのさまざまな種類の編み方で作品が作られています。ここでは使用されている編み方の種類を紹介します。

織り編み
10 四角底のかご（14 ページ）

組み編み
28 丸縁の大かご（29 ページ）

織り編み（あじろ）
05 横長のバッグ（10ページ）

組み編み（あじろ）
27 組み編みのバッグ（28ページ）

六つ目編み
25 脚つきの茶碗かご（26ページ）

六つ目編み（応用）
09 六角形のざる（13ページ）

麻の葉編み
12 麻の葉編みのバッグ（15ページ）

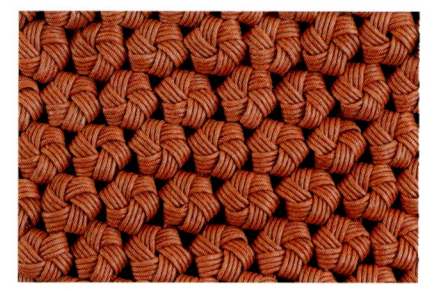

花結び
30 花結びのバッグ（31ページ）

編み目の揃え方

編み目を整えながら編み進めると、完成の歪みが少ない美しい作品に仕上がります。以下のように編み目の揃え方に注意して、作業をしましょう。

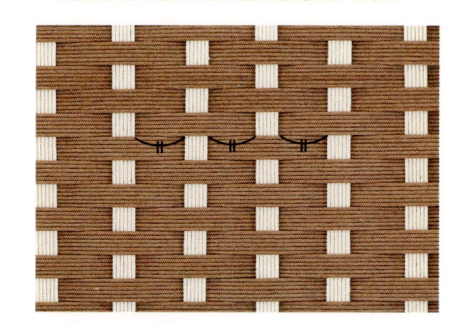

織り編みの場合
タテ材の間隔を均等に、また編み材は水平になるように編み目を整える。

組み編みの場合
交差する材の間隔を均等にし、編み目の空間（材の間）を均一に正方形にする。

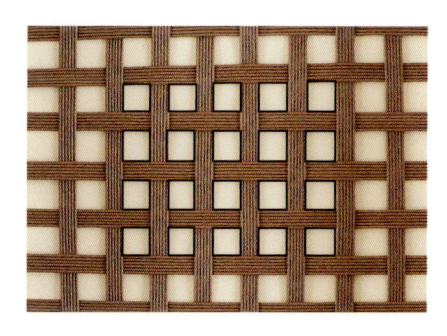

02 ◆ 六つ目のざる 7ページ

サイズ：直径21×高さ9cm　技法：六つ目編み

❋ 用量

柿渋5.94m

本体
①2本幅47cm×30本
②2本幅75cm×4本

縁材
③12本幅73cm×3本

縁を巻く材
④2本幅3m×1本

※わかりやすくするために、途中でクラフトバンドの色を変えて解説。

❋ 準備

1　3mを切り、④縁を巻く材を2本幅で1本取る。残りから①本体2本幅47cmを30本取る。
2　75cmを切り、②本体2本幅75cmを4本取る。
3　③縁材73cmを12本幅で3本切る。

❋ 裁ち合わせ図

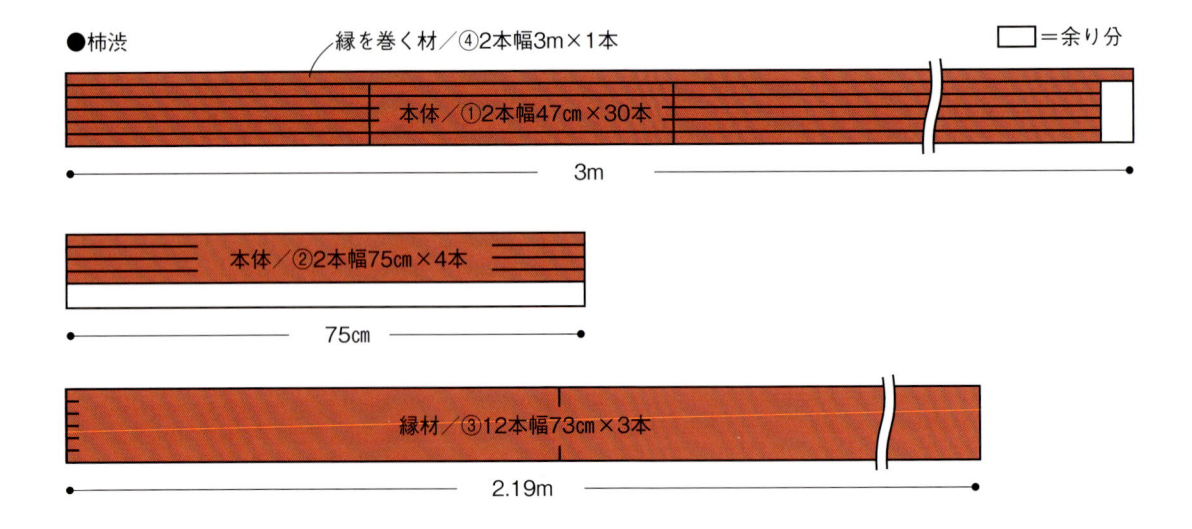

●柿渋

縁を巻く材／④2本幅3m×1本　　□＝余り分
本体／①2本幅47cm×30本
3m

本体／②2本幅75cm×4本
75cm

縁材／③12本幅73cm×3本
2.19m

底を組む

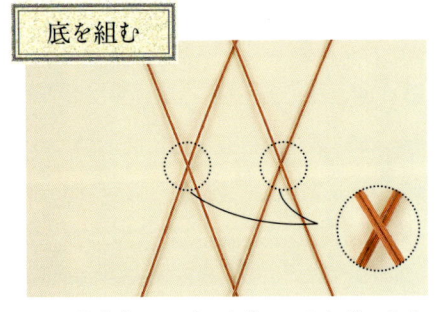

01 ①本体47cmを4本使い、2本ずつを中心で交差させて、2組を並べる。

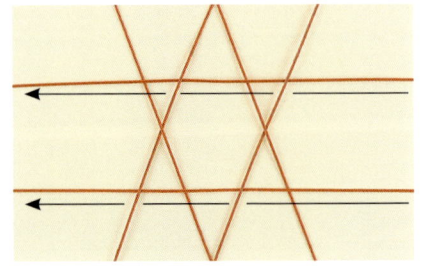

02 本体47cmの材1本ずつを、01の交差点の上と下に組み足す。1本ずつ材を上下させ、大きな六角形を作る。

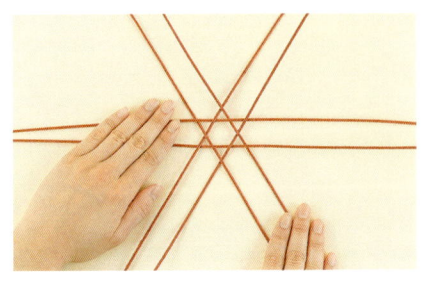

03 材を寄せて目を詰め、正六角形にする。これが底の中心になる。

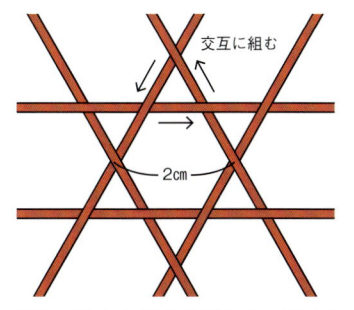

04 幅2cm程度の正六角形にし、周りの三角形の材は交互に交差させる。これが基本の形で、これと同じ組み目を周りに増やしていく。

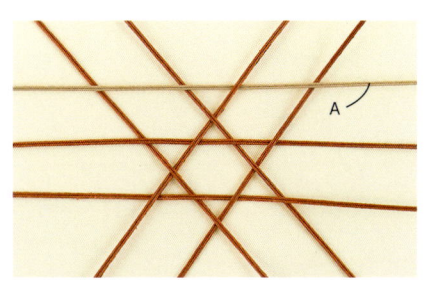

05 始めに材1本（A）を上に組み足す。

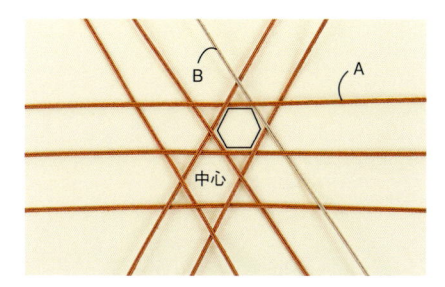

06 次にもう1本材（B）を組み足す。中心の右上に六角形が1個できた。

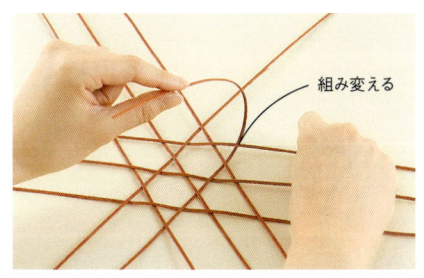

07 六角形の周りの三角形の材を交互になるように組み変える。

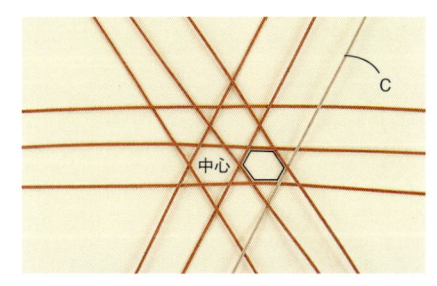

08 同様に材を1本（C）組み足し、六角形を作る。

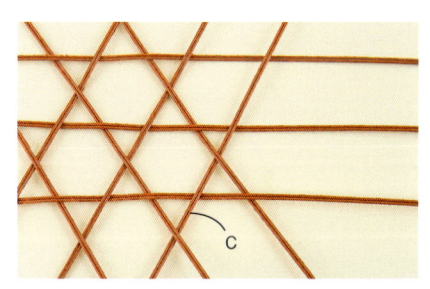

09 周りの三角形の材が交互になるように組み変え、3個目の六角形の完成。

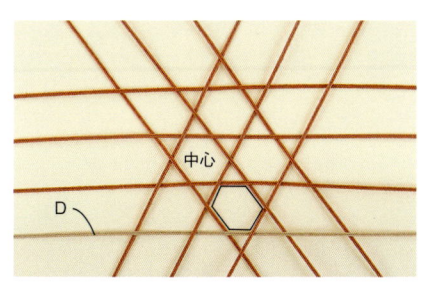

10 材を下にもう1本（D）組み足し、4個目の六角形を作る。

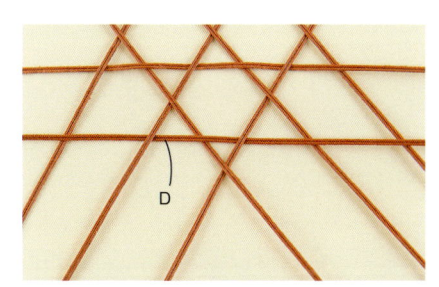

11 周りの三角形の材を交互に組み変えて、4個目の六角形が完成。

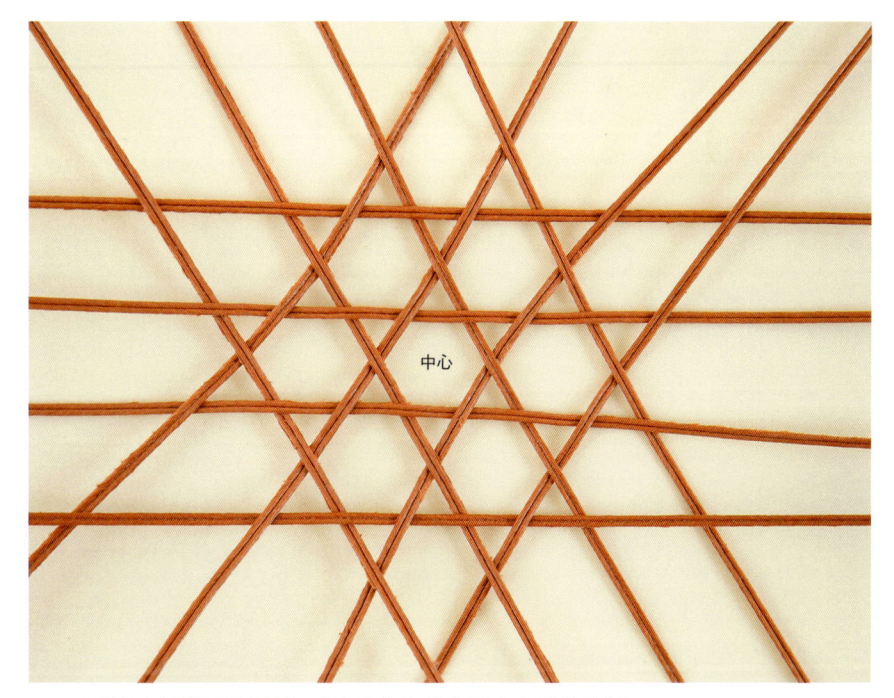

12 左半分も同様に組み足し、中心も含めて7個の六角形ができた。

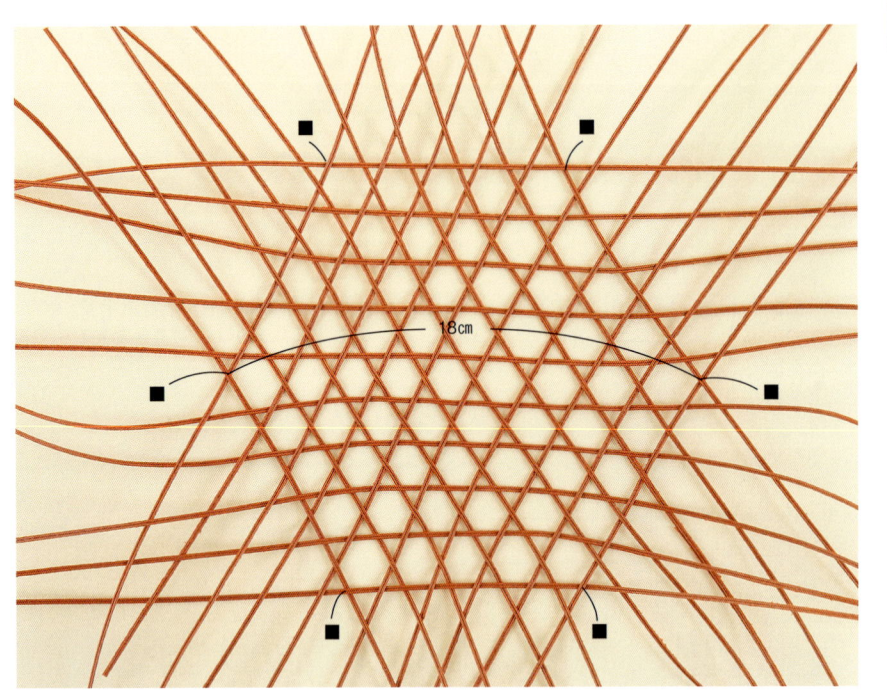

13 同じ要領で周りに組み足す。10本ずつを3方向に組み、縦横に各9個の六角形を作る。■間の長さが18cmになるように整える。

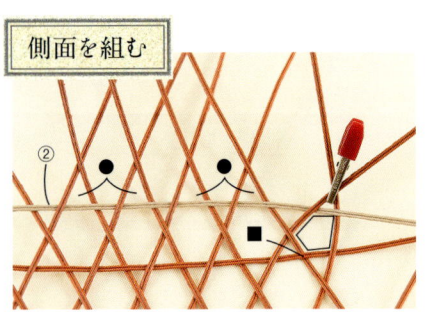

側面を組む

14 ②75cmの本体の材1本を、**13**の上に1本ずつ交互に通す。■のところで五角形を作り、クリップでとめる。

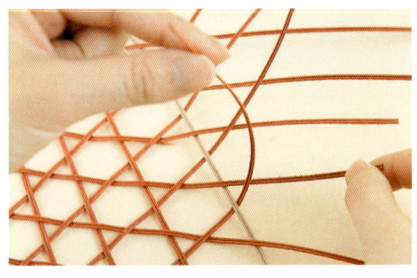

15 通した②の材の上にできた三角形（●）も交互になるように組み変えておく。

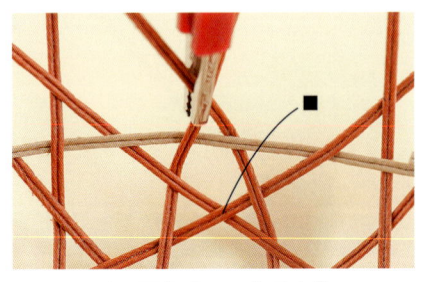

16 6ヵ所の■部分で五角形を作りクリップでとめ、側面を立ち上げる。

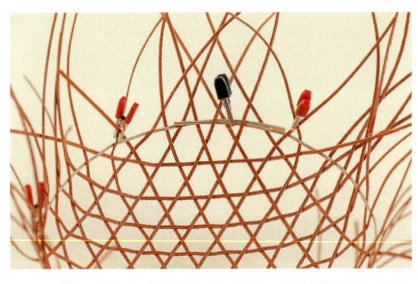

17 ②の材の端同士は重ね、目が解けてこないようにクリップでとめておく。

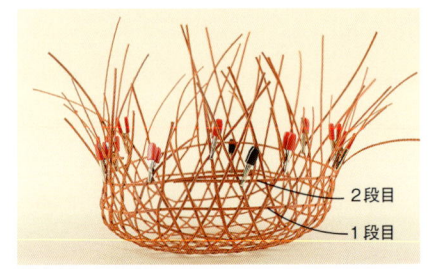

18 ②1本で**17**の上に1本ずつ材を交互に通し、2段目を組む。同様に端同士は重ねてクリップでとめる。

19 同様に3段目と4段目を組み足し、側面の完成。

縁を始末する

20 側面の4段目の材の上に、③縁材1本を2本ずつ交互に通す。

21 1周させて、縁材の端同士を重ねる。

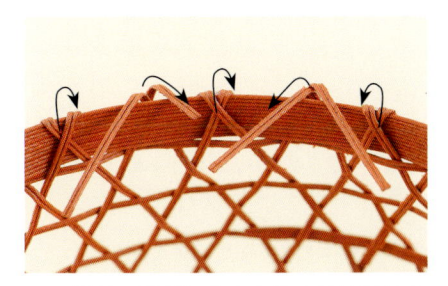

22 縁材の表側にある本体の材は縁材の上端で内側に折り、内側にある材は表側に折る。

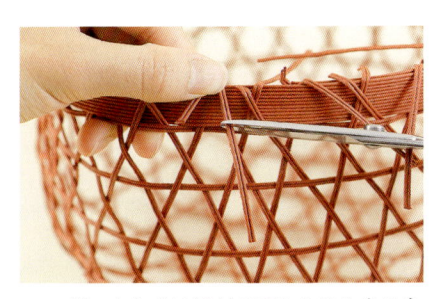

23 折ったときに縁材の下からはみ出る余分な材は、はさみでカットする。

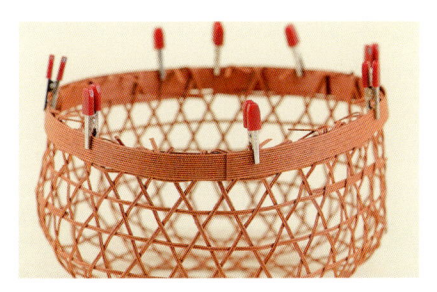

24 20の縁の表側にもう1本の③縁材を当てて端同士を重ね、数カ所をクリップでとめる。

25 同様にもう1本の③縁材を内側の縁に当てて端同士を重ね、数カ所を洗濯ばさみでとめる。

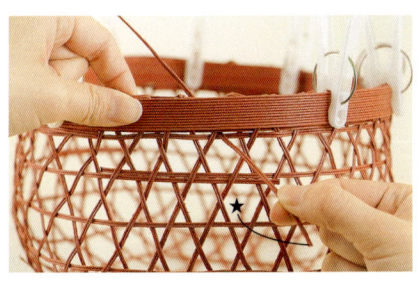

26 4段目の側面の材と縁材の間に、④縁を巻く材の片端(★)を通す。

27 20と24の縁材の間に、巻く材の端(★)を通す。

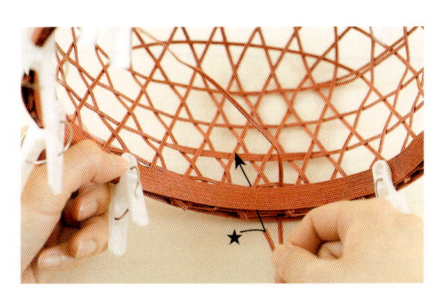

28 次に20と25の縁材の間に、巻く材の端(★)を通して縁材に挟んで固定する。

29 1つの組み目に1回ずつ巻く材を入れて縁を巻く。

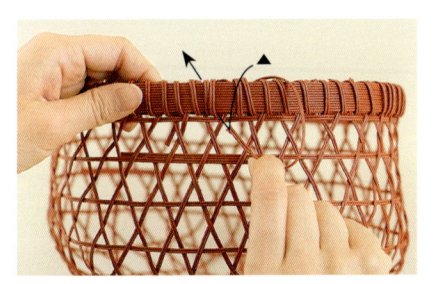

30 縁を1周し、巻き終わりの端(▲)は20と24の縁材の間に斜めに通す。

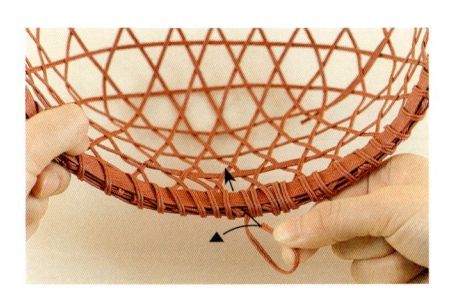

31 次に端(▲)を20と25の縁材間に通してとめる。

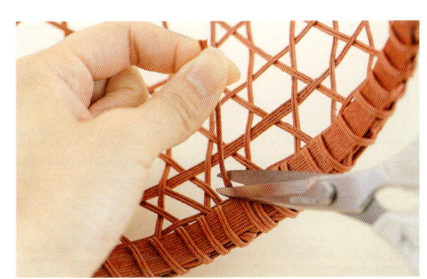

32 縁材の下からはみ出た材ははさみでカットして、完成。

04 ◈ 渦模様の平ざる 9ページ

サイズ：小　直径21.5×高さ2㎝　大　直径27×高さ6㎝　技法：織り編み

❀ 用量

小
パステルクリーム7.9m
　タテ材
　　①6本幅40㎝×12本
　編み材
　　②2本幅2m×2本
　　③3本幅5m×1本
　縁を巻く材
　　④3本幅5.5m×1本

大
パステルクリーム8m
　タテ材
　　①6本幅50㎝×12本
　編み材
　　②2本幅5m×1本
　　③3本幅7.05m×1本
　縁を巻く材
　　④3本幅4.5m×1本

※作り方の手順は大小ともに共通。プロセスは小で解説。
　大の作り方は（　）内を参照。

❀ 準備

小
1　40㎝を6本切り、①タテ材6本幅を12本取る。
2　5.5mを1本切り、④縁を巻く材3本幅を1本、②編み材2本幅2mを2本、③編み材3本幅5mを1本取る。

大
1　50㎝を6本切り、①タテ材6本幅を12本を取る。
2　5mを1本切り、②編み材2本幅を1本、③編み材3本幅7.05mを、5mと2.1m（継ぎの分含む）に分けて各1本取る。残りから④縁を巻く材3本幅4.5mを1本取る。

❀ 裁ち合わせ図

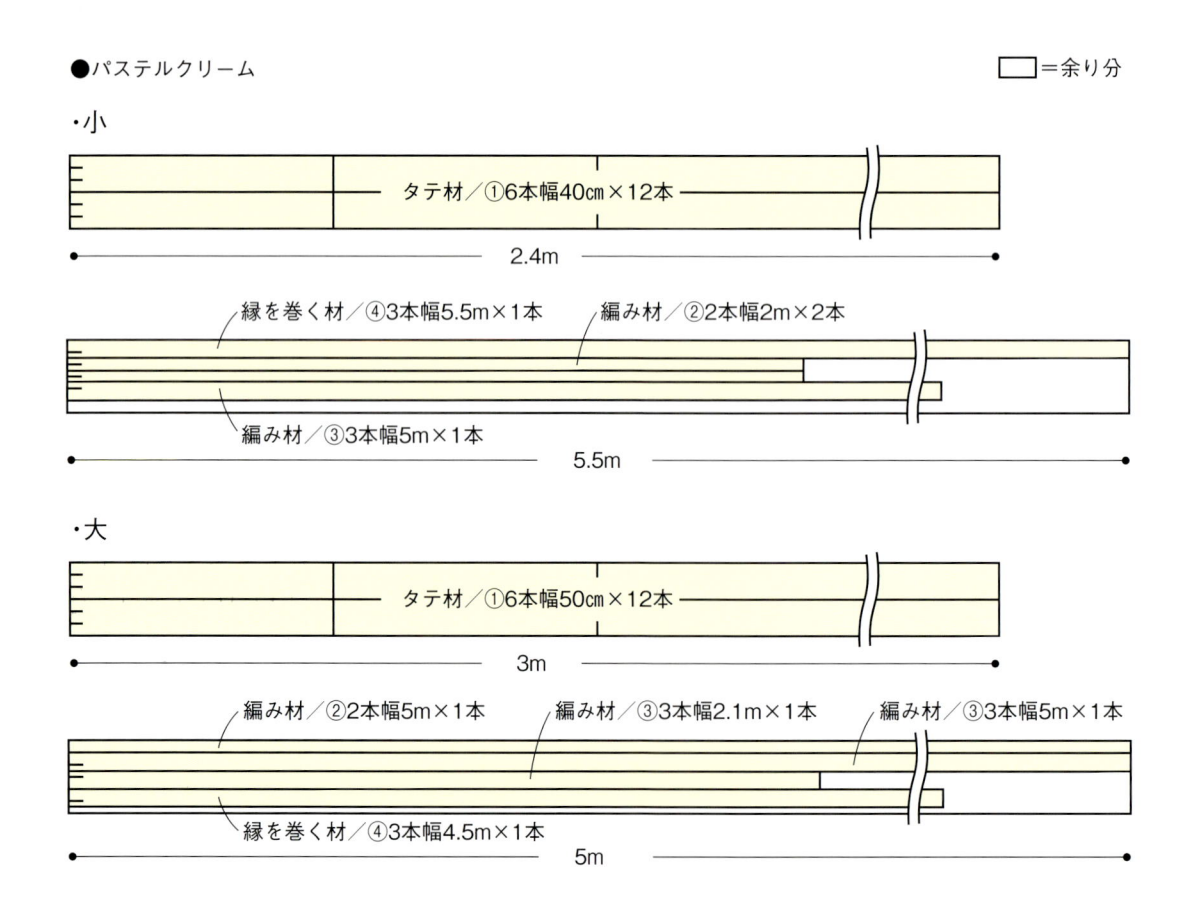

●パステルクリーム　　　　　　　　　　□＝余り分

・小

タテ材／①6本幅40㎝×12本
2.4m

縁を巻く材／④3本幅5.5m×1本
編み材／②2本幅2m×2本
編み材／③3本幅5m×1本
5.5m

・大

タテ材／①6本幅50㎝×12本
3m

編み材／②2本幅5m×1本　編み材／③3本幅2.1m×1本　編み材／③3本幅5m×1本
縁を巻く材／④3本幅4.5m×1本
5m

底を組む

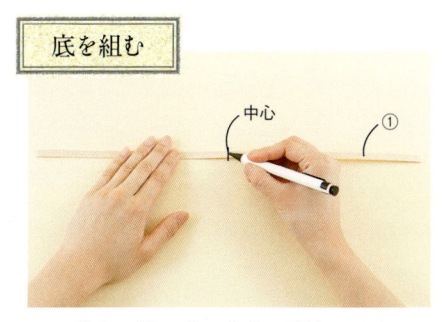

01 ①タテ材12本の中心に印をつける。

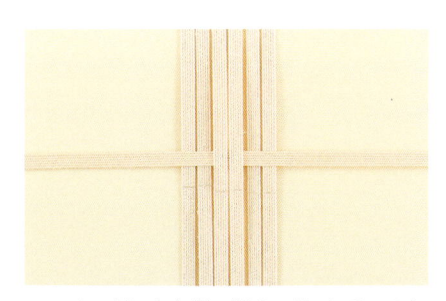

02 タテ材6本を縦に揃えて並べ、その6本を2本ずつ上下させてタテ材1本を横に通す。

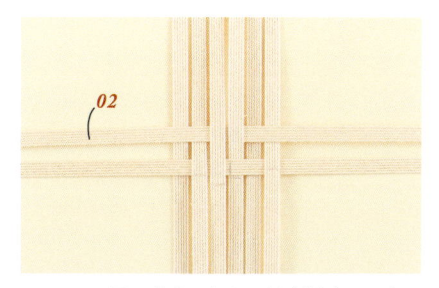

03 02の下にもう1本タテ材を通す。02と1本ずらして2本ずつ上下させる。

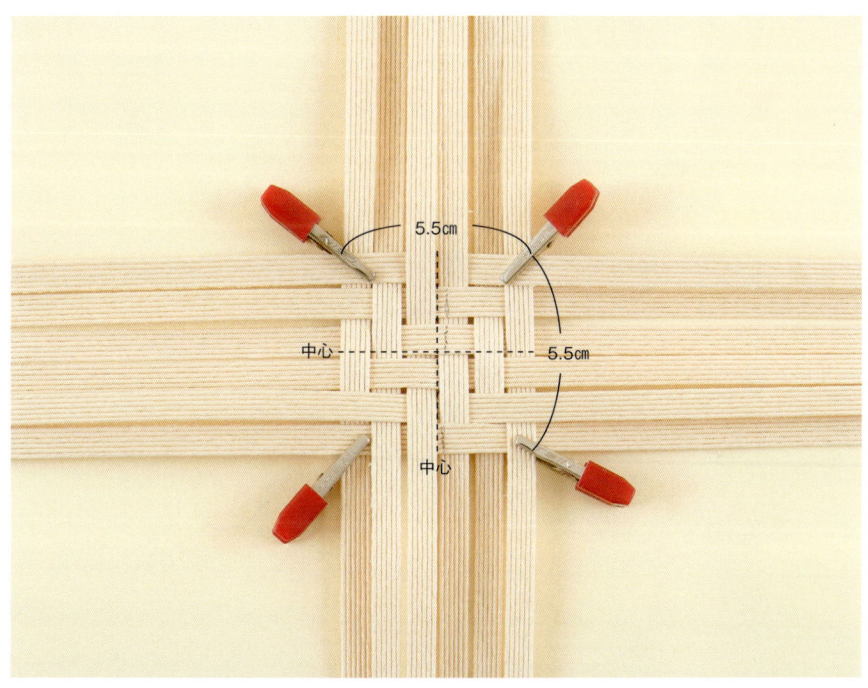

04 同様に1本ずらし、2本ずつ上下させて横に全部で6本通す。目を整えて材の中心を合わせ、5.5cm角程度の正方形にする。目が解けないように、四隅をクリップでとめる。

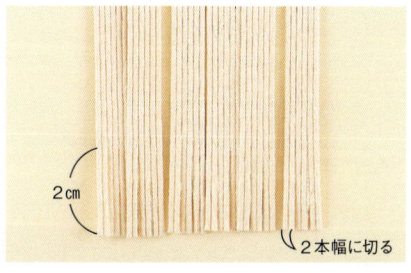

05 はさみを使い、すべてのタテ材の端に2本幅で2cm程度の切り込みを入れる。

06 PPバンドを使い、04で組んだ部分までタテ材をそれぞれ2本幅に割く。

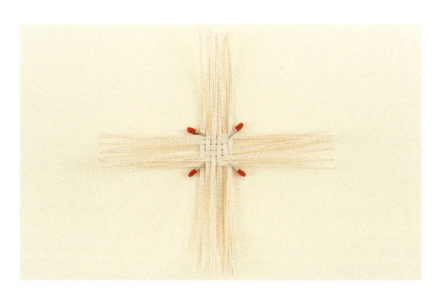

07 すべてのタテ材を2本幅に割き終えたところ。タテ材が全部で72本になる。

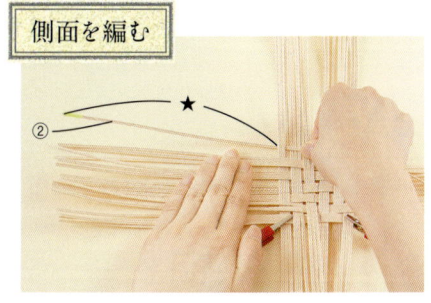

側面を編む

08 編み材②2本幅の片端★をタテ材の端に揃える。

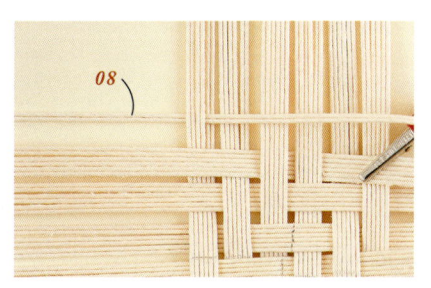

09 08の編み材を、タテ材の下2本に通す。

10 そこからタテ材を3本ずつ上下させて、編み材を編み入れていく。*09*の端はクリップでとめる。

11 続けて角も3本ずつ上下させる。編み材はなるべく平らにしながらカーブをつける。

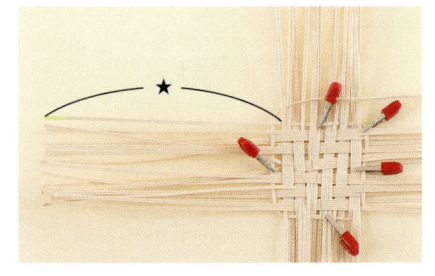

12 編み進めて1周する。*08*の★部分をタテ材として入れる。続けて3本ずつ上下して編む。編み目が解けないように、クリップで数カ所をとめる。

13 タテ材が1本加わり、タテ材が全部で73本になる。1周するごとに上下する場所が1本ずつずれるので渦模様ができる。

14 同様に3本ずつ上下させて、3段（3周）編む。

15 角は材を少し広げながら編み材を編み入れる。

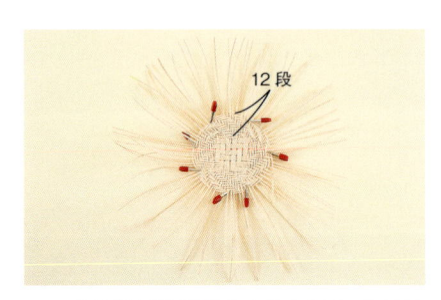

16 タテ材が放射状になるように、タテ材を均等な間隔に編み広げる。2本幅の編み材で12段程度編む。

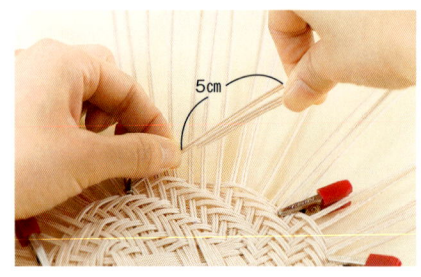

17 編み材が終わったら、端同士を5cm程度重ね、編み材を継ぎ足す。2本幅の材が編み終わったら、③3本幅の編み材で続けて編む。

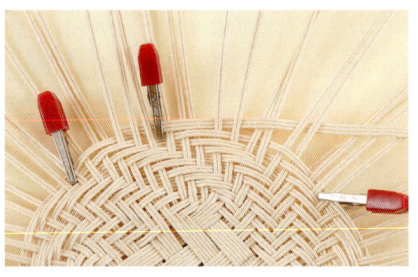

18 重ねた端は表側に出ないように裏側へ隠す。3本幅の編み材からは2本ずつ上下させて編む。

19 少しずつ高さを出すようにタテ材を立ち上げつつ編み進める。

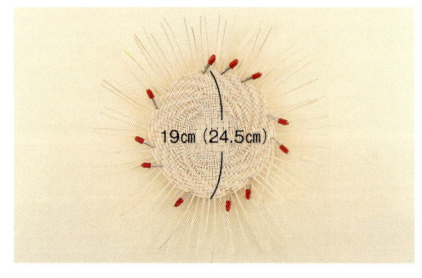

20 材がなくなるまで、10段（20段）程度編む（大は編み材を途中で継ぎ足す）。19cm（24.5cm）程度の円になる。

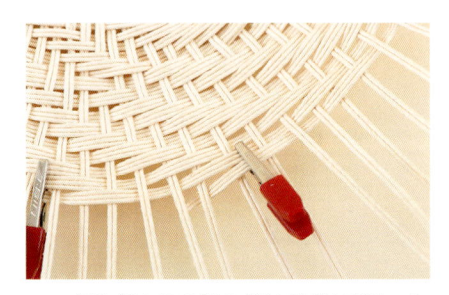

21 編み終わりの材の端は裏側に隠し、クリップでとめる。

縁を始末する

22 裏側を見ながら、タテ材を右隣の2本の前、2本の後ろを通して手前へ出す。

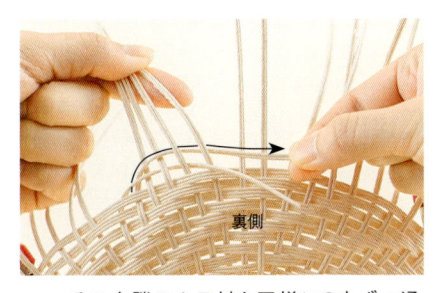

23 その右隣のタテ材も同様に2本ずつ通して手前に出す。同じようにくり返し、1周する。

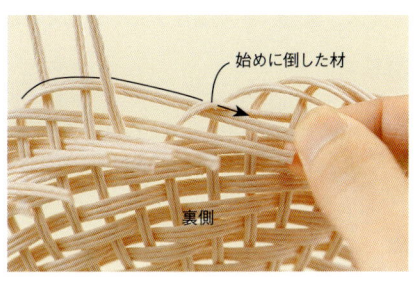

24 最後から4本目のタテ材は、右隣のタテ材2本の前、まだ倒していないタテ材1本と22で始めに倒したタテ材1本の後ろを通して、手前に出す。

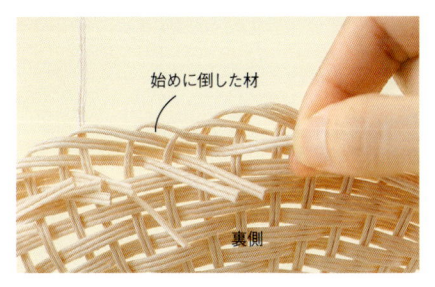

25 最後から3本目と2本目も同様に、倒していないタテ材と倒したタテ材を2本ずつ前後させて手前に出す。

26 最後の1本はすでに倒してあるタテ材を2本ずつ前後させて、手前に出す。

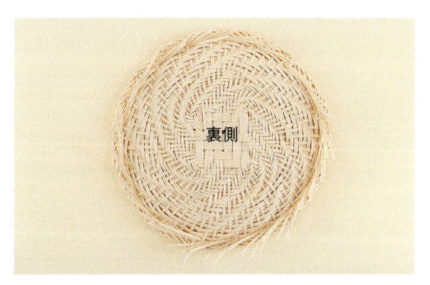

27 タテ材をすべて倒し、端を裏側に出したところ。

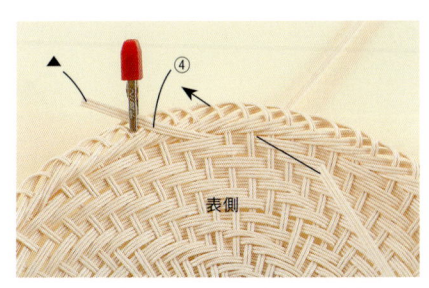

28 ④の縁を巻く材の片端▲を、裏側から表側の縁に通しクリップでとめる。タテ材3本ごと（大は1本ごと）に1回縁に通し、巻いていく。

29 倒したタテ材は、縁を巻く材でくるむようにして巻き進める。

30 1周したら、始めの片端▲もくるむように巻き進める（大は▲を巻き終えたところで巻き終わる）。

31 それまでと同様に3本ごとに1回縁に通し、あと2周して縁のタテ材を隠す。

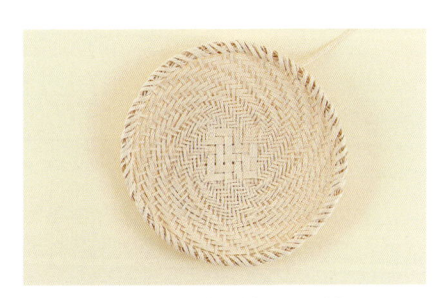

32 縁を巻く材で巻き終わり、倒したタテ材がすべて隠れたところ。

33 材の巻き終わりは、縁の中に8㎝程度通し、余りをカットして完成。

10 ◈ 四角底のかご 14ページ

サイズ：直径19×高さ15㎝　技法：織り編み

❈ 用量
クラフト17.34m
- タテ体　①12本幅50㎝×14本
- 縁材　③12本幅68㎝×3本
- 編み材　②6本幅5.3m×2本
- 縁を巻く材　④3本幅3m×1本

❈ 準備
1. ①タテ材12本幅を50㎝で14本取る。
2. ③縁材12本幅を68㎝で3本取る。
3. 5.3mを1本切り、②編み材6本幅を2本取る。
4. 3mを1本切り、④縁を巻く材3本幅を1本取る。

❈ 裁ち合わせ図
●クラフト　　　　　　　　　　　　　　　　　　□＝余り分

- タテ材／①12本幅50㎝×14本 ― 7m
- 縁材／③12本幅68㎝×3本 ― 2.04m
- 編み材／②6本幅5.3m×2本 ― 5.3m
- 縁を巻く材／④3本幅3m×1本 ― 3m

底を組む

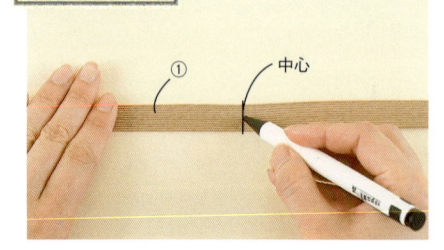

01 ①タテ材14本の中心に印をつける。

02 タテ材4本を印をつけた中心で合わせながら、井桁に組む。底の中心になる1本にマスキングテープで印をつける。

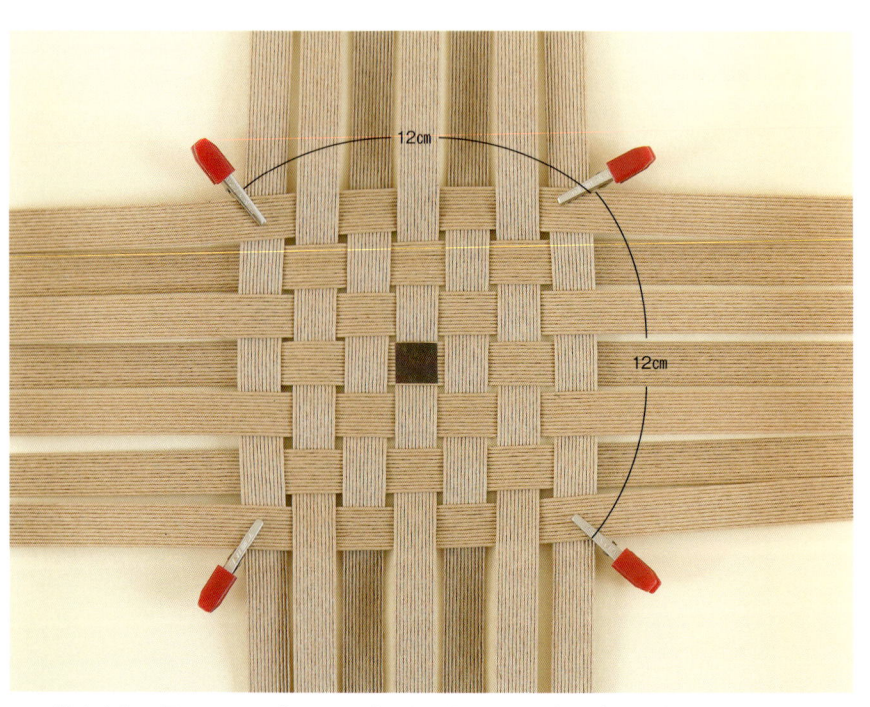

03 印を中心に周りにタテ5本、ヨコ5本を組み足す。12㎝角程度の正方形になるように、目を整える。解けないよう、四隅をクリップでとめる。

側面を作る

04 端のタテ材1本の底から出ている部分を、PPバンドで半分に割く。

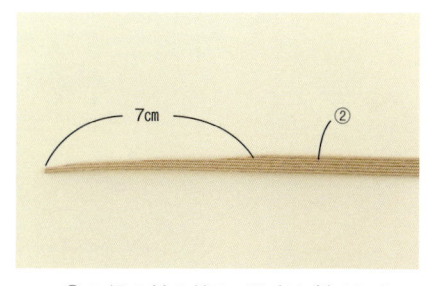

05 ②の編み材の端7cm程度を斜めにカットする。

06 04で割いたタテ材に05の編み材を差し込み、1本ずつタテ材を編む。クリップで材の端をとめ、螺旋状に編み進めていく。

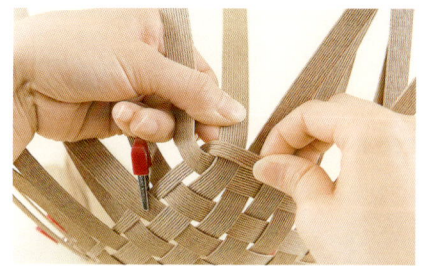

07 角はタテ材を立ち上げて、編み材を編み入れる。

08 1周したところで割いたタテ材も立ち上げる。編み目は詰めながら、表側を見て編む。

09 編み進めるにつれ、タテ材を少しずつ広げる。底から側面がゆるやかなカーブを描くように形作る。

10 段を重ねるごとにタテ材の間隔が徐々に広がっていく。編み材は解けないようにクリップで数カ所とめておく。

11 編み材が終わったら、新しい編み材を継ぎ足す。編み材の端同士を5cm程度重ねる。

12 編み材のそれぞれの端はタテ材の裏に隠れるように長さを調整する。

13 全部で17段編む。側面の高さが水平になるように、編み終わりは編み始めと同様に端を7cm程度斜めにカットする。

縁を始末する

14 ③の縁材1本をタテ材に1本ずつ交互に通す。04で半分に割いたタテ材は2本一緒に通す。

15 縁材の端同士は重ねる。クリップでタテ材と縁材を数カ所とめる。

45

16 縁材の上端から出たタテ材は1.5cm程度残して切る。

17 縁材の上端でタテ材を折る。表側に出ている材は内側に、内側に出ている材は表側に折る。

18 ③の縁材1本を縁の表側に合わせる。端同士は重ね、洗濯ばさみで数カ所とめる。

19 内側にも同様に③の縁材を1本合わせる。

20 編み材と縁材の間の隙間に、④縁を巻く材の端（★）を内側から表側へ出す。

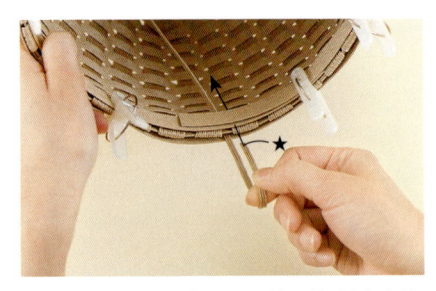

21 *14*と*18*の縁材の間に材の端（★）を通す。次に*14*と*19*の間に通し、材を引いて固定する。

22 縁を巻く材で縁を巻き、1周する。タテ材1本に材を2回巻き入れる。

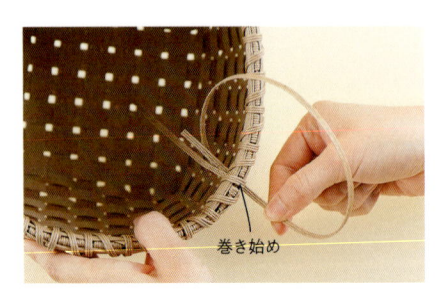

23 巻き終わりは巻き始めに数回、巻き重ねる。

24 縁を1周し、巻き終わりの端（▲）は*14*と*18*の縁材の間に斜めに通す。

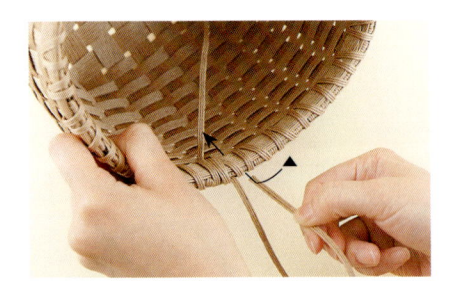

25 次に*14*と*19*の間に通し、材を引いて固定する。

26 編み始めと編み終わりの端をカットし、完成。

27 ◈ 組み編みのバッグ 28ページ

サイズ：23×6×高さ20cm　技法：組み編み

❀ 用量

こげ茶26.1m
　本体
　①6本幅1m×42本
　持ち手
　②6本幅1m×2本
　持ち手を巻く材
　③2本幅5.1m×1本

❀ 準備

1　1mを21本切り、①本体6本幅を42本を取る。
2　5.1mから③持ち手を巻く材2本幅を1本と、②持ち手6本幅を2本を取る。

❀ 裁ち合わせ図

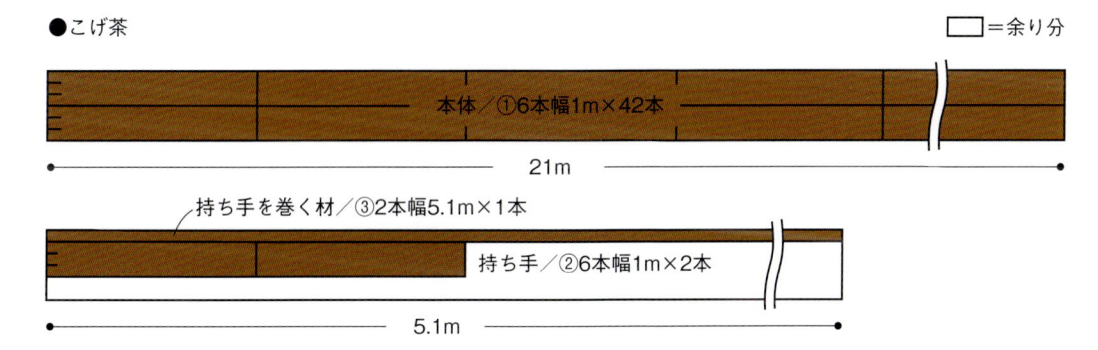

●こげ茶　　　　　　　　　　　　　　　　　　　　□＝余り分

本体／①6本幅1m×42本
21m

持ち手を巻く材／③2本幅5.1m×1本
持ち手／②6本幅1m×2本
5.1m

底を組む

01 本体①6本幅42本の中心に印をつける。

02 本体21本を縦に揃えて並べ、横に2本ずつ上下させて材を通す。その下は1本ずらして同様に2本ずつ上下させて材を通す。

03 同じようにくり返し、横に21本材を通す。**01**で材につけた中心の印を点線に合わせる。それぞれの■印がバッグの角に、▲部分が側面の1段目になる。

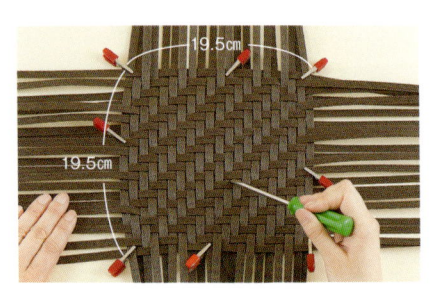

04 マイナスドライバーなどを使って目を詰め、19.5cm角の正方形にする。解けないように、数カ所をクリップで固定する。

側面を組む

05 角の■の材同士を交差させ、底と同じように2本ずつ上下させて角を組む。このとき、■の両隣の材各3本ずつも一緒に組む。

06 同様にほかの■も角を組む。角が2つ組み終わったところ。解けないようにクリップでとめておく。

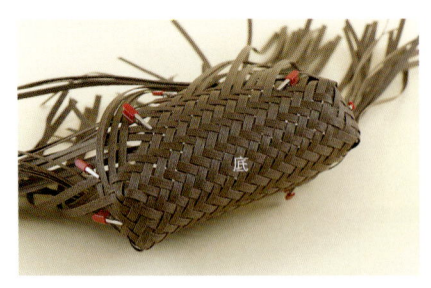

07 角が4つ組み終わり、底から側面が立ち上がったところ。

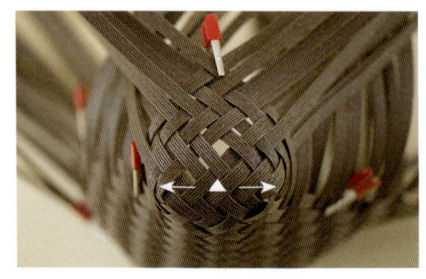

08 角と角の間を組む。2本ずつ上下させて、▲から4段目までを組む。

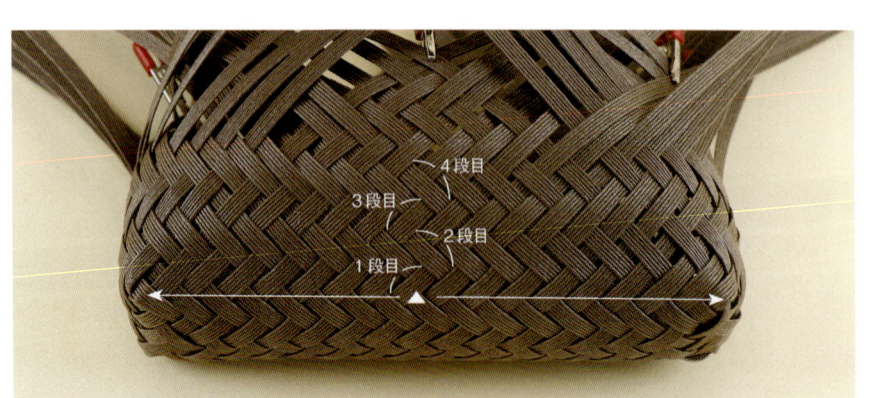

09 側面すべての▲から4段目までを2本ずつ上下させて組む。

10 5段目はAを3本上に通し、Bを2本上、1本下の順に通す。AとBをくり返して、1周すべてを組み変える。

48

| 縁を始末する |

11 6〜9段目はすべての材を2本ずつ上下させて組む。

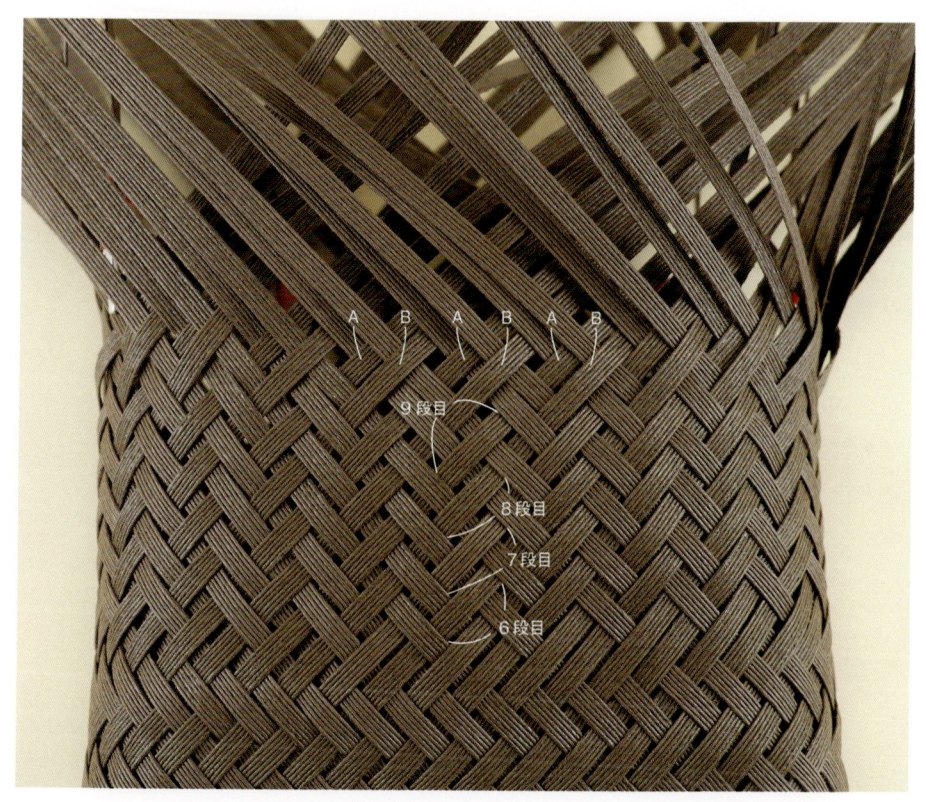

12 10段目はAを2本下、1本上の順に組む。Bは3本上に組む。AとBをくり返して、10段目を1周する。

49

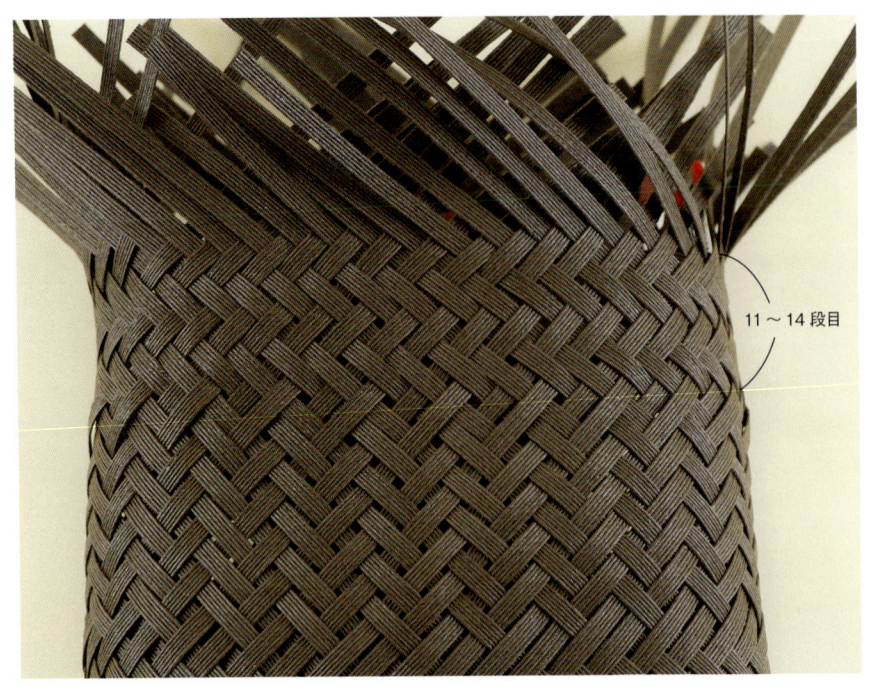

13 11〜14段目はすべての材を2本ずつ上下させて組む。

14 組んだ底から順に指で組み目を詰めながら整える。

15 全体の高さが20cmになるまで目を詰める。

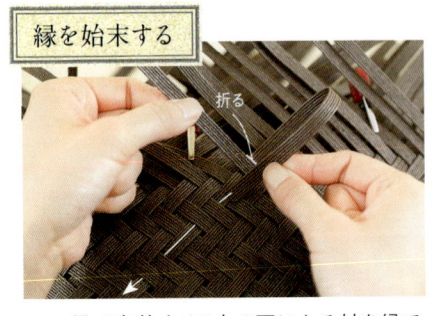

縁を始末する

16 縁で交差する2本の下にある材を縁で折り、組み目を戻すように目に通す。

17 交差したもう1本も縁で折り、目を戻るように端を通す。

18 同様に縁をすべて折り返して始末する。

持ち手をつける

19 本体の縁（底の中心から垂直に上がった材）から、②持ち手の片端を組み目9本分通す。

20 反対側の縁に、持ち手のもう片端を同じ向きで組み目7本分通す。持ち手が34cmになるように長さを調整する。

21 目から出ている端を、同じ目を通して戻る。反対側も同様にして戻し、端同士を重ねてとめておく。

22 もう1本の持ち手は、*19*とは反対の方向から同じように組み目を通す。

23 持ち手の長さが34cmになるように調整して組み目を戻し、洗濯ばさみでとめておく。

24 ③持ち手を巻く材の片端を持ち手に挟み、持ち手を巻き始める。

25 始めは2本の持ち手を一緒に3回巻く。

26 続けて持ち手1本を隙間なく巻いていく。そのとき、*24*で挟んだ片端も一緒に巻いて固定する。

27 1本目を巻き終えたら、巻き始めと反対側も、続けて持ち手2本を一緒に3回巻く。

28 次にもう1本の持ち手を隙間なく巻く。

29 持ち手の中心まで巻いたら、すでに巻き終えた持ち手と合わせて、3回巻く。また元の1本に戻り、巻き進める。

30 持ち手が巻き終わったら、端を持ち手の裏側に出す。

31 持ち手の裏側の、持ち手と巻いた材の間に巻き終わりの端を5cm程度通す。

32 余った端をはさみでカットし、完成。

01 | 小六つ目のかご ◆ 6ページ

サイズ／直径18×高さ12cm
技法／六つ目編み
用量／クラフト4.42m、柿渋60cm
- 本体　クラフト2本幅48cm×27本、クラフト2本幅65cm×4本
- 縁材　クラフト8本幅60cm×3本、柿渋4本幅60cm×1本
- 縁を巻く材　クラフト2本幅2.5m×1本

準備／クラフト2.5mから縁を巻く材2本幅を1本取り、残りを8本幅と2本幅に分ける。8本幅から縁材60cmを3本、その残りで本体65cmを2本幅で4本取る。2本幅から48cmを5本取る。クラフト48cmを4本切り、残りの48cm2本幅を取る。柿渋60cmから縁材4本幅を1本取る。

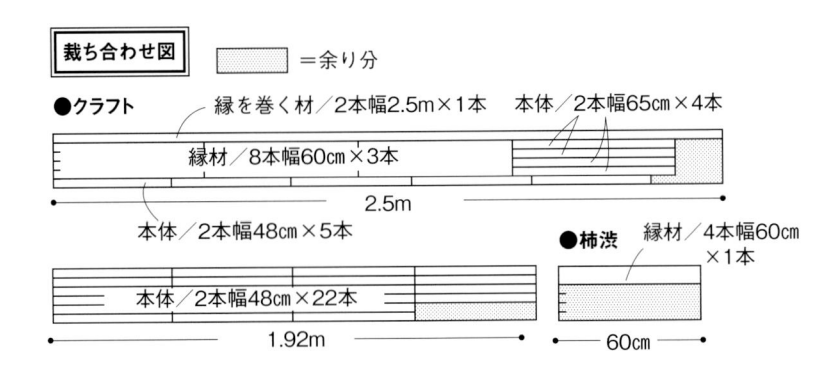

裁ち合わせ図　▨ ＝余り分

●クラフト
- 縁を巻く材／2本幅2.5m×1本
- 本体／2本幅65cm×4本
- 縁材／8本幅60cm×3本
- 本体／2本幅48cm×5本
- 2.5m
- 本体／2本幅48cm×22本
- 1.92m

●柿渋
- 縁材／4本幅60cm×1本
- 60cm

1 ◆ 底を組む

本体48cm9本ずつを3方向に組み、直径16cmの大きさに調整し、中心を合わせる。
六つ目の編み方は36・37ページ、プロセス1〜12を参照。

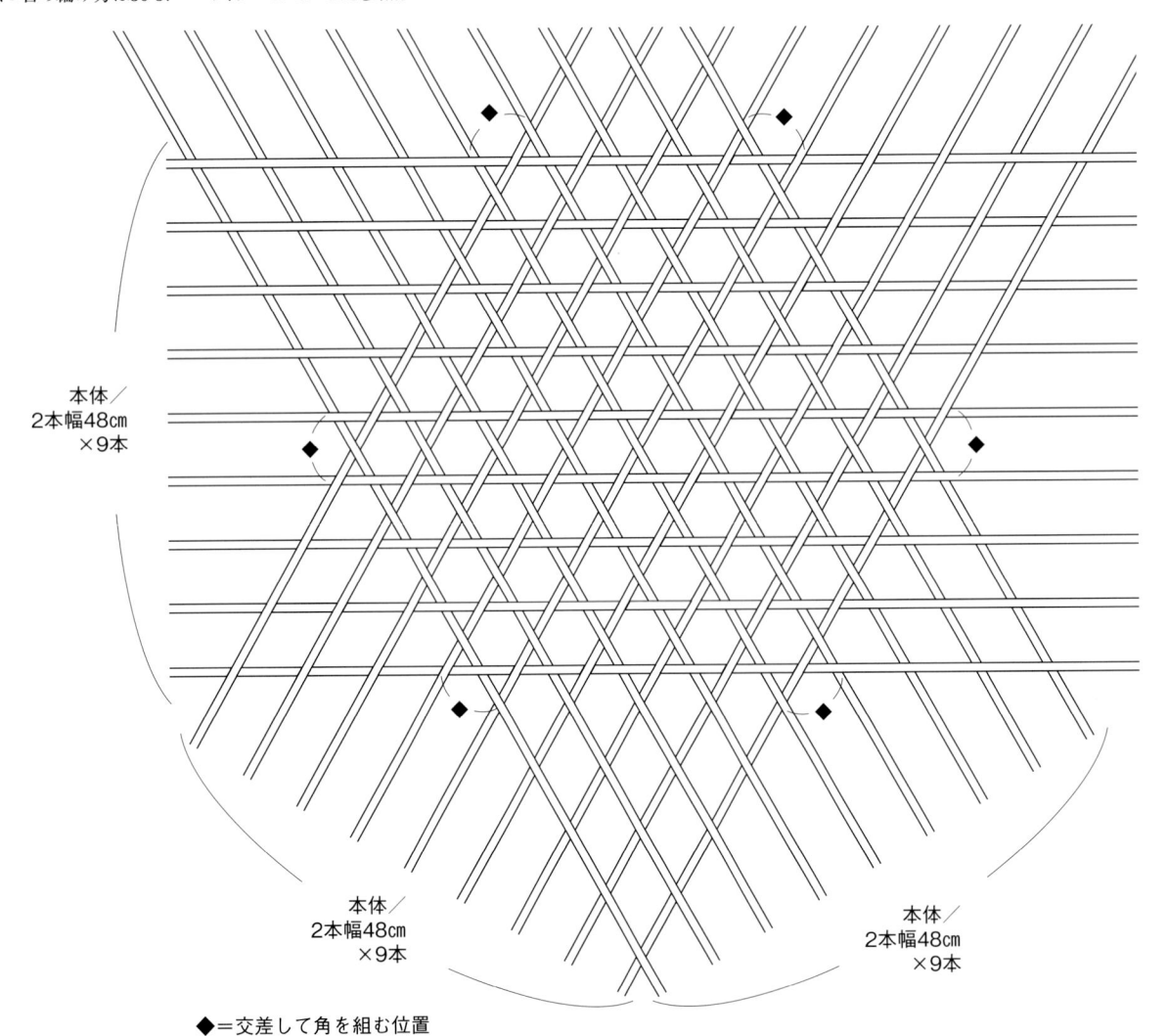

本体／2本幅48cm×9本

本体／2本幅48cm×9本

本体／2本幅48cm×9本

◆＝交差して角を組む位置

2 ◆ 立ち上げて側面を組む

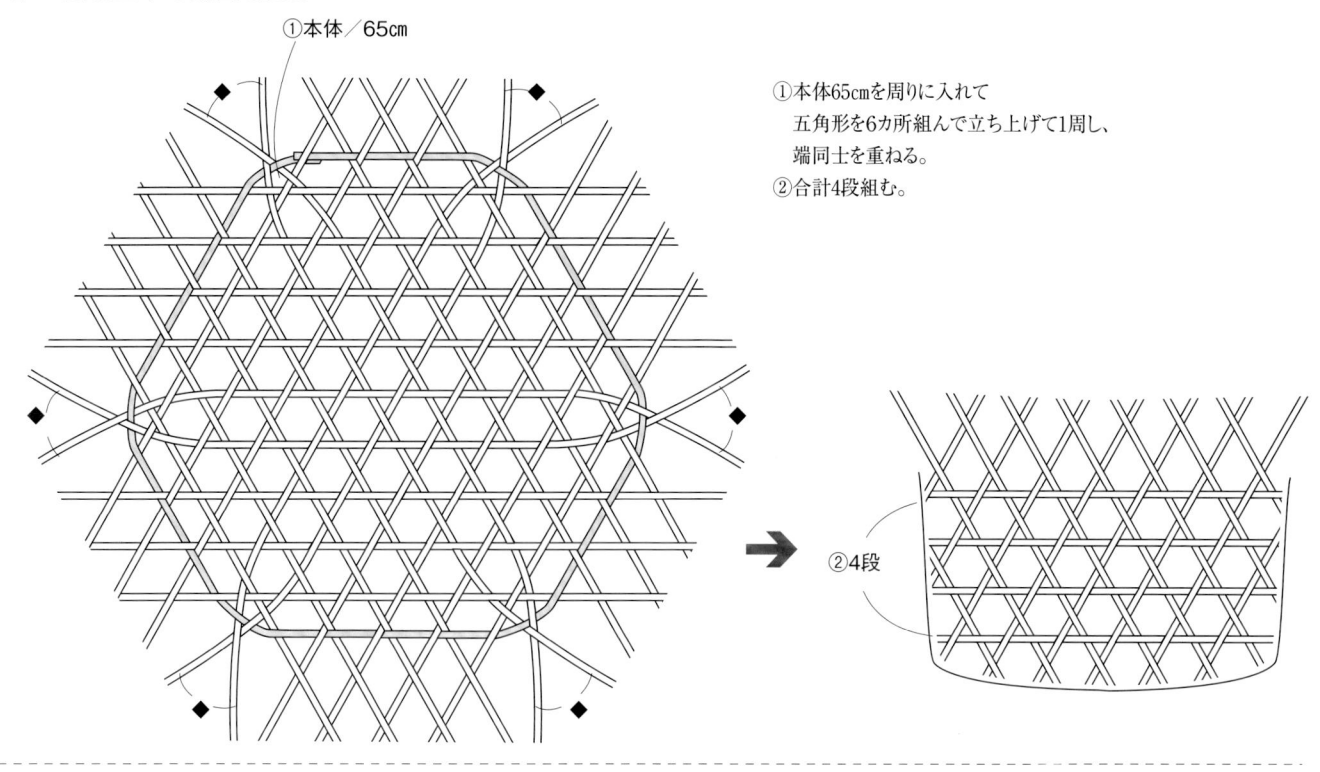

①本体／65cm

①本体65cmを周りに入れて
五角形を6カ所組んで立ち上げて1周し、
端同士を重ねる。
②合計4段組む。

②4段

3 ◆ 縁の始末をする

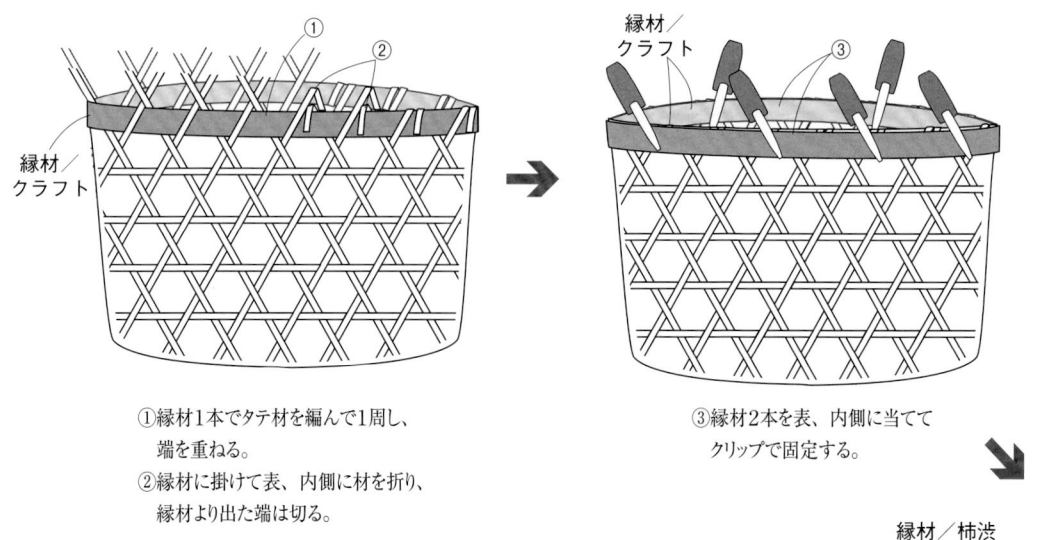

縁材／クラフト

縁材／クラフト

①縁材1本でタテ材を編んで1周し、
　端を重ねる。
②縁材に掛けて表、内側に材を折り、
　縁材より出た端は切る。

③縁材2本を表、内側に当てて
　クリップで固定する。

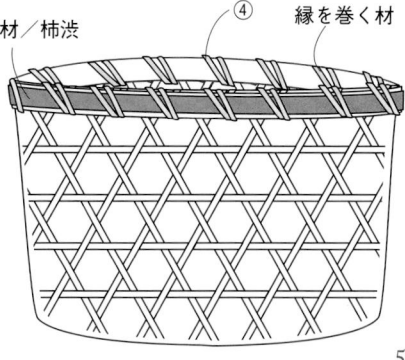

縁材／柿渋　　縁を巻く材

④縁を巻く材の端を縁材の間に挟んで巻き始める。
柿渋の縁材を重ねながら、
2回ずつ組み目の間に入れて1周する。
巻き終えたら、巻き材の端を縁材の中に
入れて固定して余りを切る。

53

03 | 六つ目のリンゴかご ◆ 8ページ

サイズ／25×17×高さ15.5cm
技法／六つ目編み
用量／チョコ15.5m

- **本体** 6本幅70cm×20本、6本幅82cm×4本
- **補強材** 6本幅56cm×1本
- **縁材** 12本幅82cm×3本
- **縁を巻く材** 3本幅2.9m×1本
- **持ち手** 9本幅3m×1本
- **持ち手を巻く材** 3本幅2.1m×1本

準備／70cmを9本切り、本体6本幅を18本取る。82cmを2本切り、本体6本幅を4本取る。3mから縁を巻く材3本幅2.9mと持ち手9本幅を各1本ずつ取る。2.1mから持ち手を巻く材3本幅1本、本体6本幅70cm2本と補強材6本幅56cm1本を取る。82cmを3本取り、縁材12本幅を取る。

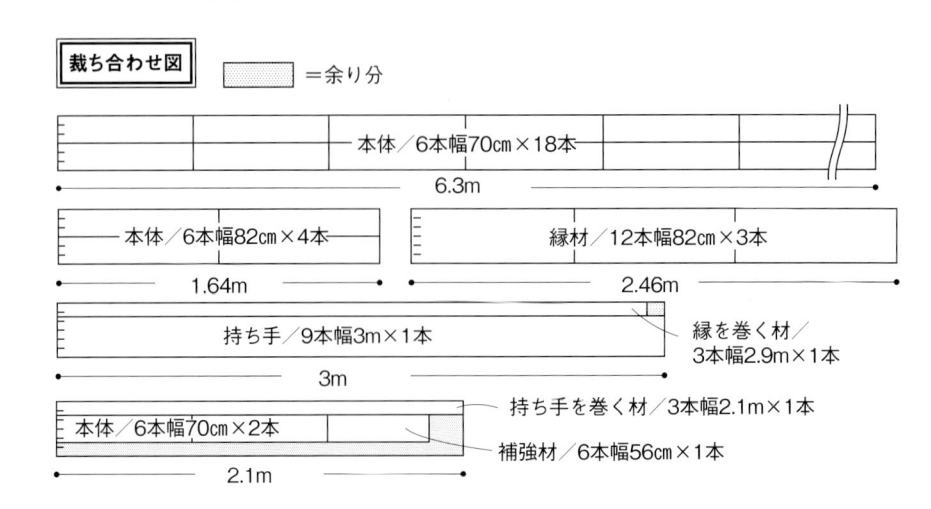

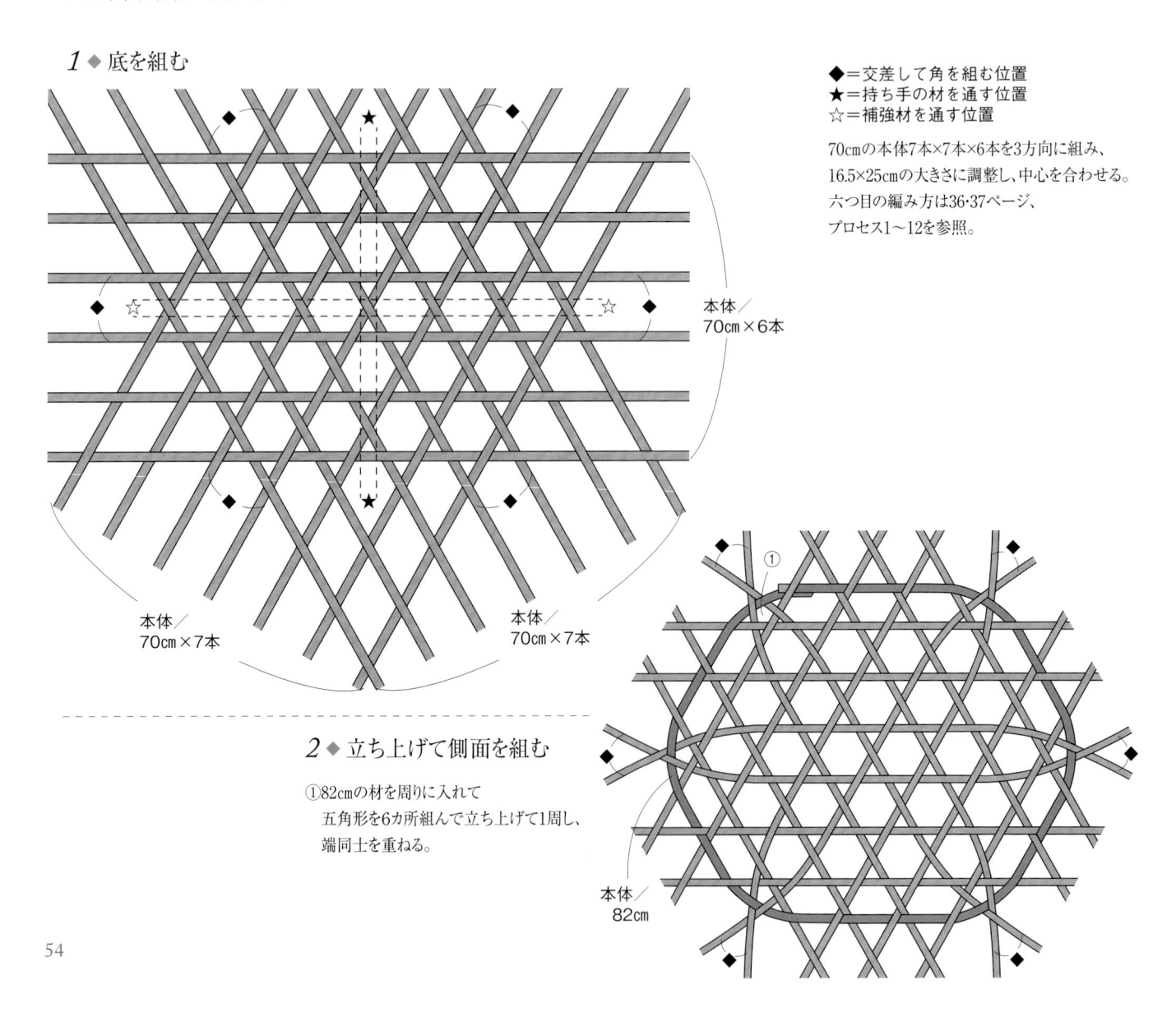

裁ち合わせ図　▨＝余り分

本体／6本幅70cm×18本　6.3m
本体／6本幅82cm×4本　1.64m
縁材／12本幅82cm×3本　2.46m
持ち手／9本幅3m×1本　3m
縁を巻く材／3本幅2.9m×1本
本体／6本幅70cm×2本　2.1m
持ち手を巻く材／3本幅2.1m×1本
補強材／6本幅56cm×1本

1 ◆ 底を組む

◆＝交差して角を組む位置
★＝持ち手の材を通す位置
☆＝補強材を通す位置

70cmの本体7本×7本×6本を3方向に組み、16.5×25cmの大きさに調整し、中心を合わせる。
六つ目の編み方は36・37ページ、プロセス1〜12を参照。

本体／70cm×6本
本体／70cm×7本
本体／70cm×7本

2 ◆ 立ち上げて側面を組む

①82cmの材を周りに入れて五角形を6カ所組んで立ち上げて1周し、端同士を重ねる。

本体／82cm

3 ◆ 縁の始末をする

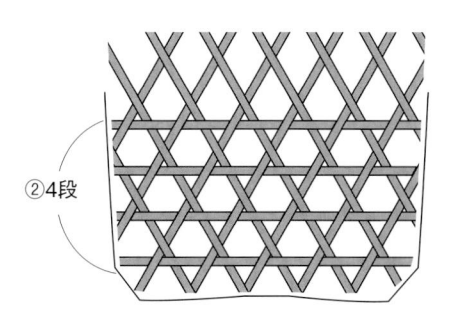

②2段目からは六角形のみを組みながら合計4段組む。

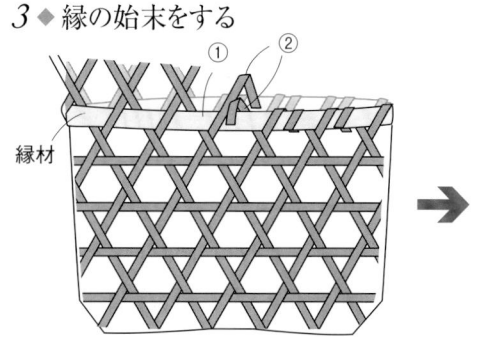

①縁材1本で1本ずつ交互に編み、両端を重ねる。
②表、内側に材を折り、縁材に掛けて縁材より出た端は切る。

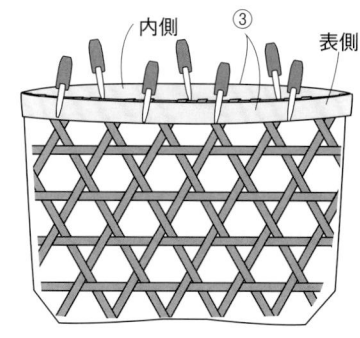

③残りの縁材2本をそれぞれ、表、内側に当ててクリップで固定する。

4 ◆ 持ち手をつける

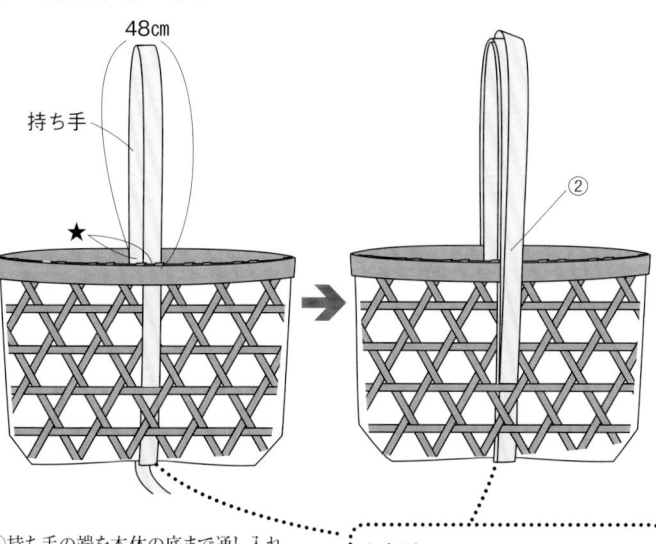

①持ち手の端を本体の底まで通し入れ、端と本体をクリップでとめる。
②続けて側面の組み目に通し、縁材の内側から出し、持ち手の分48cm残して反対側へ。縁材の内側を通って組み目に通し、底のスタートの端に重ねる。そのまま同様に2周し、三重の持ち手を作り、両端を底で重ねる。

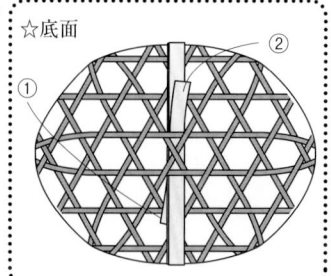

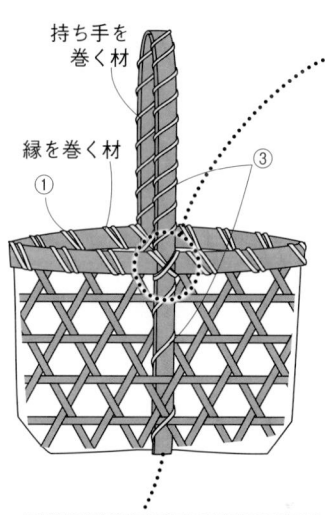

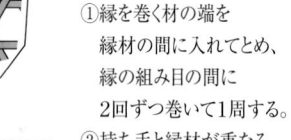

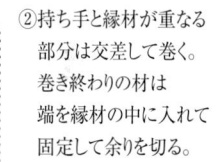

☆底面

5 ◆ 縁と持ち手を巻く

①縁を巻く材の端を縁材の間に入れてとめ、縁の組み目の間に2回ずつ巻いて1周する。
②持ち手と縁材が重なる部分は交差して巻く。巻き終わりの材は端を縁材の中に入れて固定して余りを切る。
③持ち手を巻く材で底から持ち手を巻いていく。端を持ち手の間に入れて巻き始め、巻き終わりの端は巻いた中に入れて余分を切る。

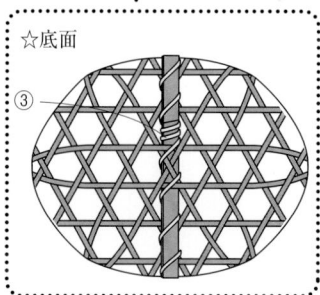

☆底面

6 ◆ 補強材を入れる

補強材を本体の底から側面の組み目に通し入れ、端を縁材の中に入れる。

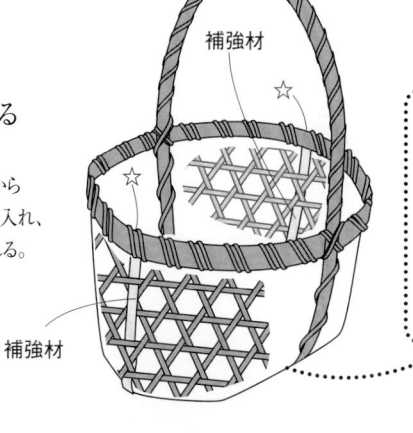

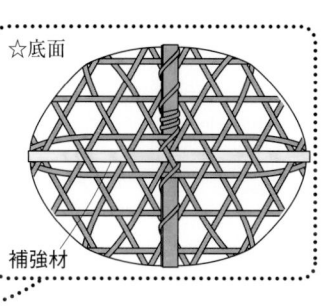

☆底面

05 横長のバッグ ◆ 10ページ

サイズ／27×11×高さ18cm
技法／織り編み、もじり編み
用量／チョコ32.16m

- タテ材　6本幅70cm×31本、6本幅85cm×12本、6本幅40cm×1本
- 編み材　6本幅7.6m×2本
- 縁材　12本幅92cm×3本
- もじり編みの材　2本幅2m×1本
- 縁を巻く材　4本幅3.1m×1本
- 持ち手　12本幅90cm×2本、12本幅30cm×2本
- 持ち手を巻く材　5本幅1.7m×2本

準備／タテ材70cm16本、85cm6本から6本幅を取り、70cmの余りから40cm1本を取る。編み材は7.6mから6本幅を2本取る。3.1mを切り、縁を巻く材を4本幅で1本取り、残りから持ち手を巻く材5本幅1.7mを1本、もじり編みの材2本幅2mを1本取る。縁材、持ち手は12本幅でそれぞれ切る。

裁ち合わせ図　▨＝余り分

タテ材／6本幅70cm×31本　　タテ材／6本幅40cm×1本
11.2m

タテ材／6本幅85cm×12本
5.1m

編み材／6本幅7.6m×2本
7.6m

縁を巻く材／4本幅3.1m×1本　　もじり編みの材／2本幅2m×1本
持ち手を巻く材／5本幅1.7m×1本
3.1m

縁材／12本幅92cm×3本　　持ち手／12本幅90cm×2本　　持ち手／12本幅30cm×2本
5.16m

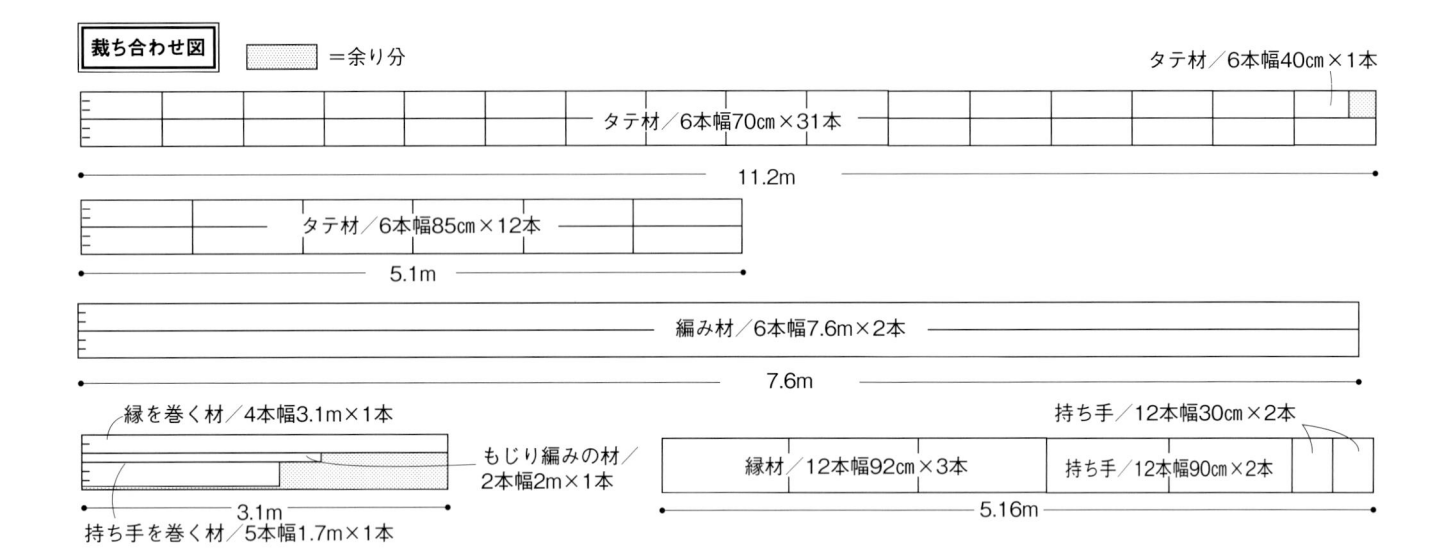

1 ◆ 底を作る

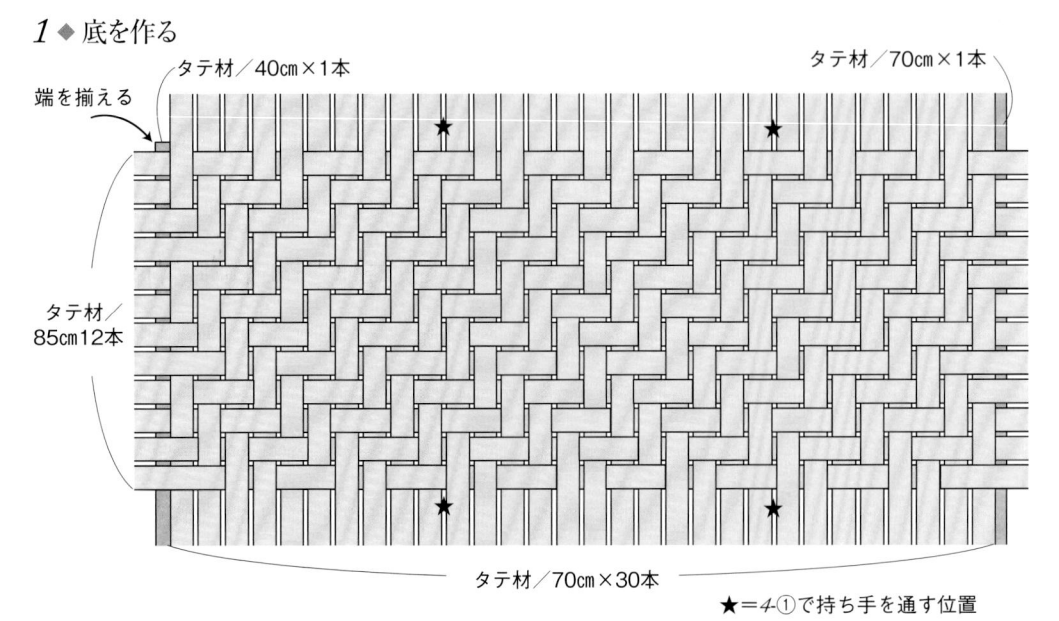

タテ材／40cm×1本　　タテ材／70cm×1本
端を揃える
タテ材／85cm12本
タテ材／70cm×30本

★＝4①で持ち手を通す位置

タテ材30本×12本を組み、中心を合わせる。残りの70cmの材を右端のタテ材の下に重ね、40cmの材を左端のタテ材の下に重ね端を揃える。

2 ◆ 立ち上げて側面を編む

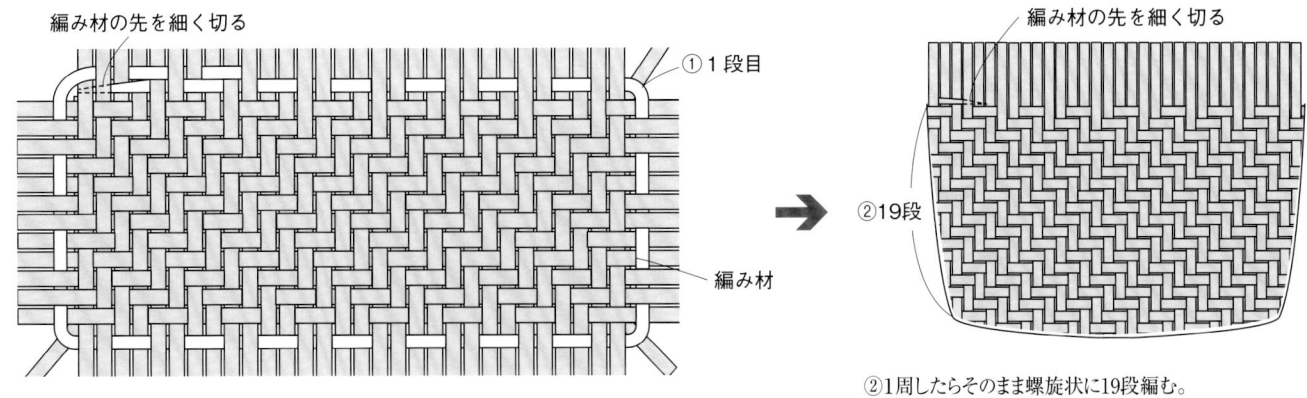

編み材の先を細く切る

①1段目

編み材

①編み材の端を細く切る。タテ材を直角に折り、周りに編み材を入れて2本ずつタテ材を上下して編む。1で足したタテ材も編む。

編み材の先を細く切る

②19段

②1周したらそのまま螺旋状に19段編む。
編み材を継ぐときは端同士をタテ材6本分ぐらい重ねる。
編み材の終わりも細く切って高さを水平にする。

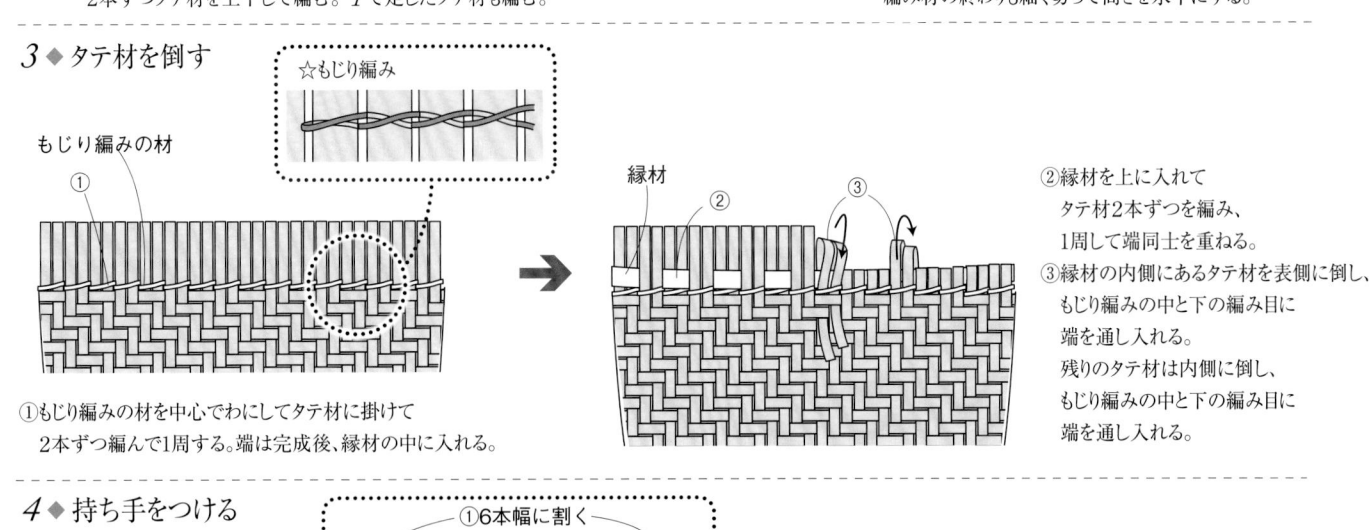

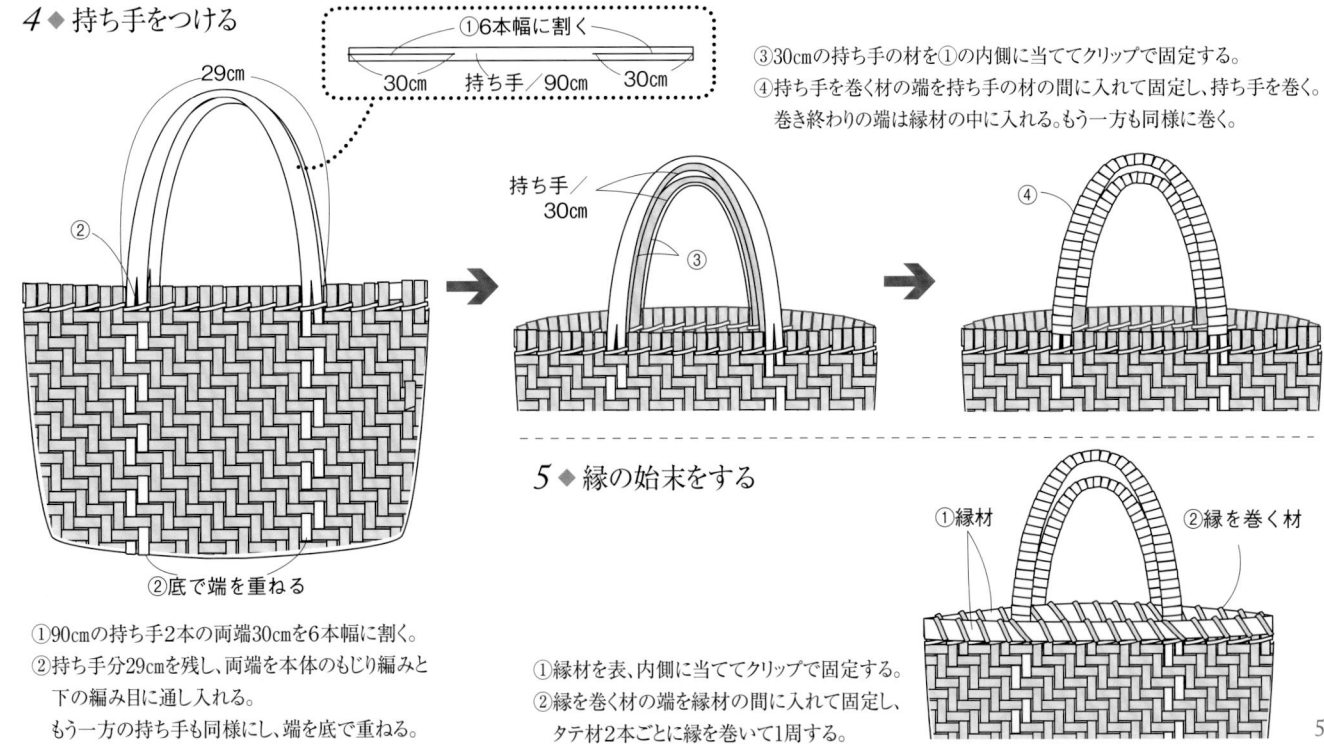

3 ◆ タテ材を倒す

☆もじり編み

もじり編みの材
①

①もじり編みの材を中心でわにしてタテ材に掛けて2本ずつ編んで1周する。端は完成後、縁材の中に入れる。

縁材
②
③

②縁材を上に入れて
タテ材2本ずつを編み、
1周して端同士を重ねる。
③縁材の内側にあるタテ材を表側に倒し、
もじり編みの中と下の編み目に
端を通し入れる。
残りのタテ材は内側に倒し、
もじり編みの中と下の編み目に
端を通し入れる。

4 ◆ 持ち手をつける

①6本幅に割く
30cm 持ち手／90cm 30cm

29cm
②
②底で端を重ねる

①90cmの持ち手2本の両端30cmを6本幅に割く。
②持ち手分29cmを残し、両端を本体のもじり編みと下の編み目に通し入れる。
もう一方の持ち手も同様にし、端を底で重ねる。

持ち手／30cm
③

③30cmの持ち手の材を①の内側に当ててクリップで固定する。
④持ち手を巻く材の端を持ち手の材の間に入れて固定し、持ち手を巻く。
巻き終わりの端は縁材の中に入れる。もう一方も同様に巻く。

④

5 ◆ 縁の始末をする

①縁材
②縁を巻く材

①縁材を表、内側に当ててクリップで固定する。
②縁を巻く材の端を縁材の間に入れて固定し、タテ材2本ごとに縁を巻いて1周する。

06 縦長のバッグ ◆ 10ページ

サイズ／20×11×高さ25cm
技法／織り編み、もじり編み
用量／茶33.97m
- タテ材　6本幅90cm×23本、6本幅1m×11本
- 編み材　6本幅15.17m×1本
- 縁材　6本幅67cm×1本、12本幅67cm×2本
- もじり編みの材　1本幅3.33m×1本
- 持ち手　12本幅1m×2本、12本幅80cm×2本、12本幅30cm×2本
- 持ち手を巻く材　2本幅4m×2本

準備／90cmを12本切り、タテ材6本幅を23本取る。1mを6本切り、タテ材6本幅を11本取る。6本幅15.17mの編み材は7.63mから2本取って継ぐ（継ぐ分を加える）。4mを切り、持ち手を巻く材2本幅を2本取る。残りでもじり編みの材1本幅3.33m、縁材6本幅67cmを各1本取る。縁材、持ち手をそれぞれ12本幅で各2本取る。

裁ち合わせ図

▨ ＝余り分

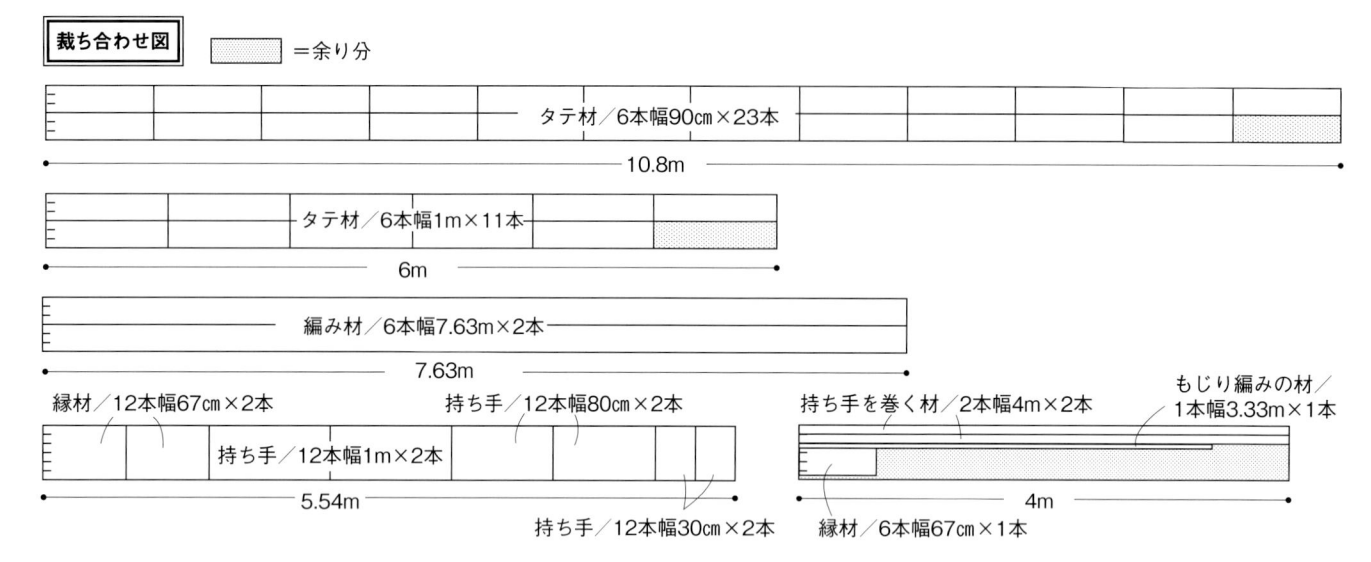

タテ材／6本幅90cm×23本　— 10.8m
タテ材／6本幅1m×11本　— 6m
編み材／6本幅7.63m×2本　— 7.63m
縁材／12本幅67cm×2本、持ち手／12本幅1m×2本、持ち手／12本幅80cm×2本、持ち手／12本幅30cm×2本　— 5.54m
持ち手を巻く材／2本幅4m×2本、縁材／6本幅67cm×1本、もじり編みの材／1本幅3.33m×1本　— 4m

1 ◆ 底を作る

タテ材／1m×11本
タテ材／90cm×23本

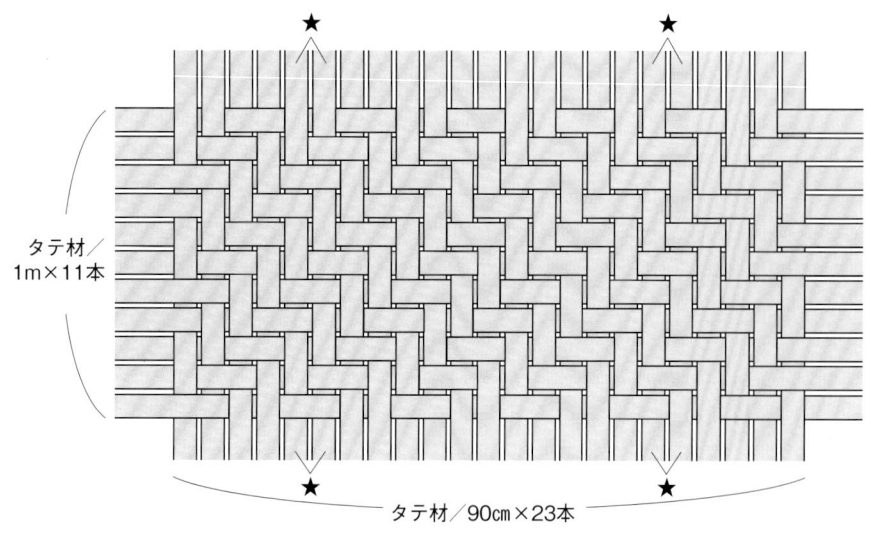

★＝4－①で持ち手を通す位置

タテ材23本×11本を組み、中心を合わせる。

2 ◆ 立ち上げて側面を編む

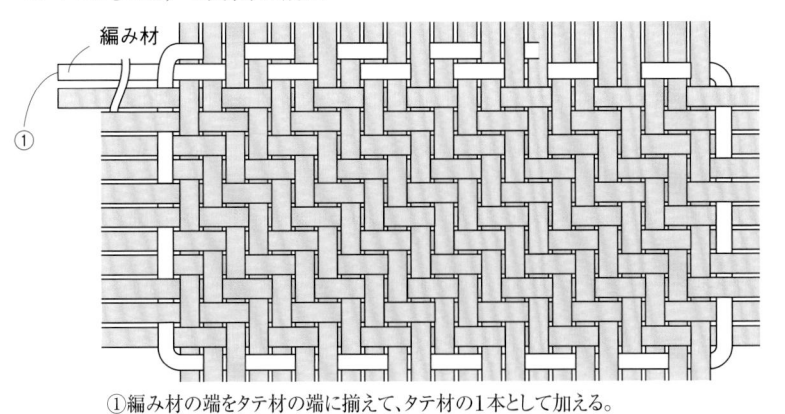

①編み材の端をタテ材の端に揃えて、タテ材の1本として加える。
タテ材2本ずつで周りを編む。

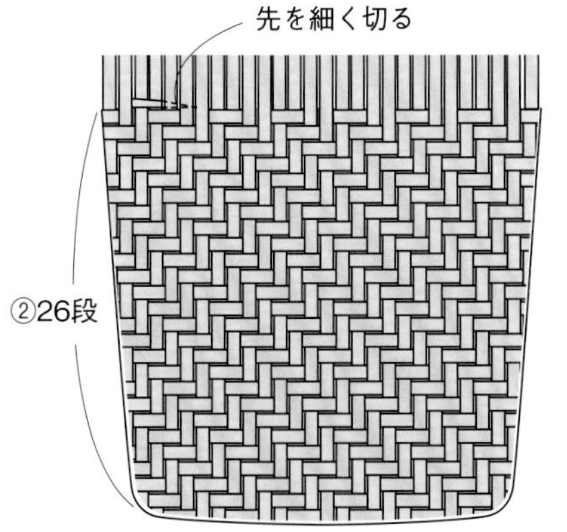

先を細く切る

②26段

②足した編み材の端も1本として編み、26段編む。
材を継ぐときは、端同士を重ねる。
編み材の終わりは、細く切って高さを水平にする。

3 ◆ 縁の始末をする

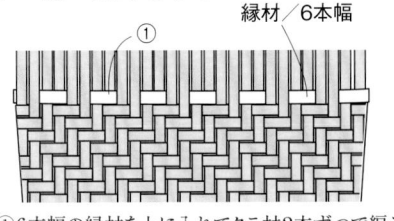

縁材／6本幅

①6本幅の縁材を上に入れてタテ材2本ずつで編み、
1周して端同士を重ねる。

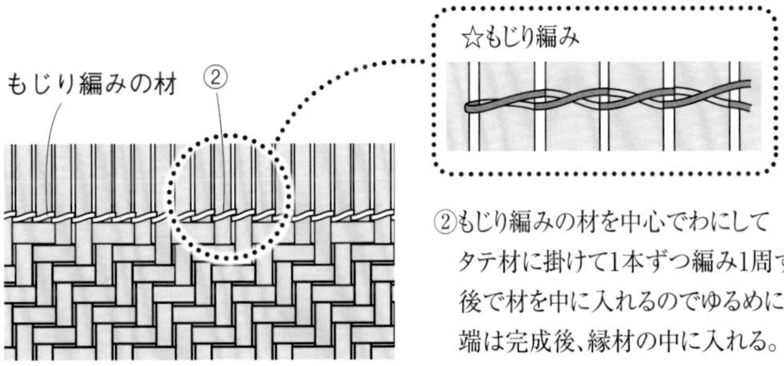

もじり編みの材 ②

☆もじり編み

②もじり編みの材を中心でわにして
タテ材に掛けて1本ずつ編み1周する。
後で材を中に入れるのでゆるめに編む。
端は完成後、縁材の中に入れる。

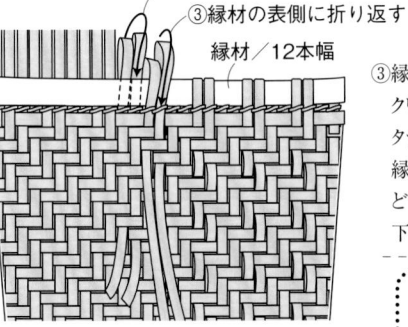

③縁材の内側に折り返す
③縁材の表側に折り返す
縁材／12本幅

③縁材1本を表側に当て、
クリップで固定する。
タテ材を2本ずつ折り返す。
縁の上と下を2本ごとにくり返し、
どちらももじり編みと
下の編み目に端を通し入れる。

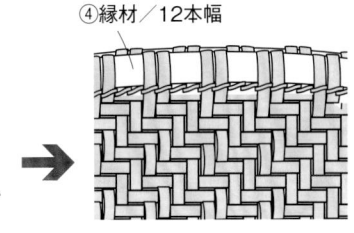

☆内側
④縁材／12本幅

④縁材1本で内側のタテ材を
2本ずつ上下して編み1周し、
端を重ねる。

4 ◆ 持ち手をつける

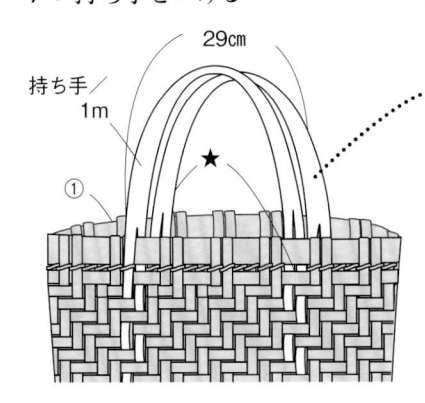

持ち手／1m
29cm
①

6本幅に割く
持ち手
34cm
34cm

持ち手／80cm
☆内側
②

③持ち手／30cmを挟む

④持ち手を巻く材

①1mの持ち手2本の両端34cmを6本幅に割く。
割いた端を本体のもじり編みと編み目に通し入れる。

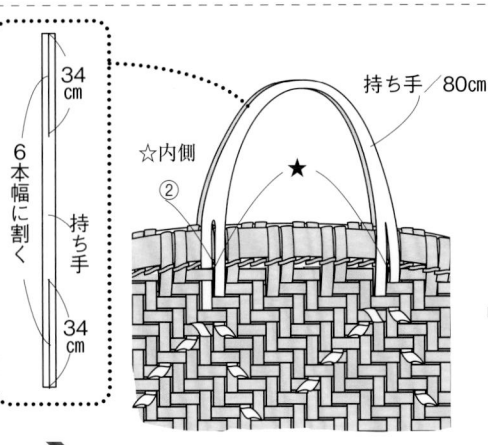

②80cmの持ち手を①の内側にクリップでとめる。
両端を6本に割いて本体の編み目に入れ、
3回ずつ折り返してつける。
もう片方も同様につける。

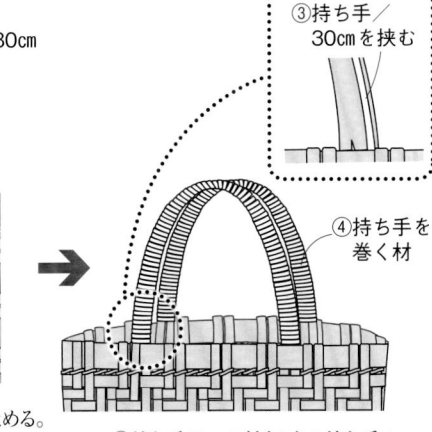

③持ち手30cmの材を2本の持ち手の
中に入れて挟む。
④持ち手を巻く材で巻く。
もう一方も同様に材を入れて巻く。

59

07 | 長持ち手つきのかご ◆ 11ページ

サイズ／直径18×高さ21cm
技法／織り編み、もじり編み
用量／こげ茶18.44m

- タテ材　12本幅70cm×10本
- 編み材　6本幅3m×1本、8本幅5m×1本、12本幅2.2m×1本
- 縁材　12本幅62cm×2本
- もじり編みの材　4本幅2.5m×1本
- 持ち手　6本幅82cm×2本
- 持ち手を巻く材　2本幅73cm×2本、2本幅63cm×1本

準備／5mから編み材8本幅1本を取り、残りからもじり編みの材4本幅2.5m1本、持ち手を巻く材2本幅73cm2本、持ち手を巻く材2本幅63cm1本を取る。3mから編み材6本幅1本、持ち手6本幅82cm2本を取る。タテ材70cm10本、編み材2.2m1本、縁材62cm2本を12本幅で取る。

裁ち合わせ図　▨＝余り分

- タテ材／12本幅70cm×10本　——7m——
- もじり編みの材／4本幅2.5m×1本
- 編み材／8本幅5m×1本　——5m——
- 持ち手を巻く材／2本幅63cm×1本
- 持ち手を巻く材／2本幅73cm×2本
- 編み材／6本幅3m×1本　——3m——
- 持ち手／6本幅82cm×2本
- 編み材／12本幅2.2m×1本　縁材／12本幅62cm×2本　——3.44m——

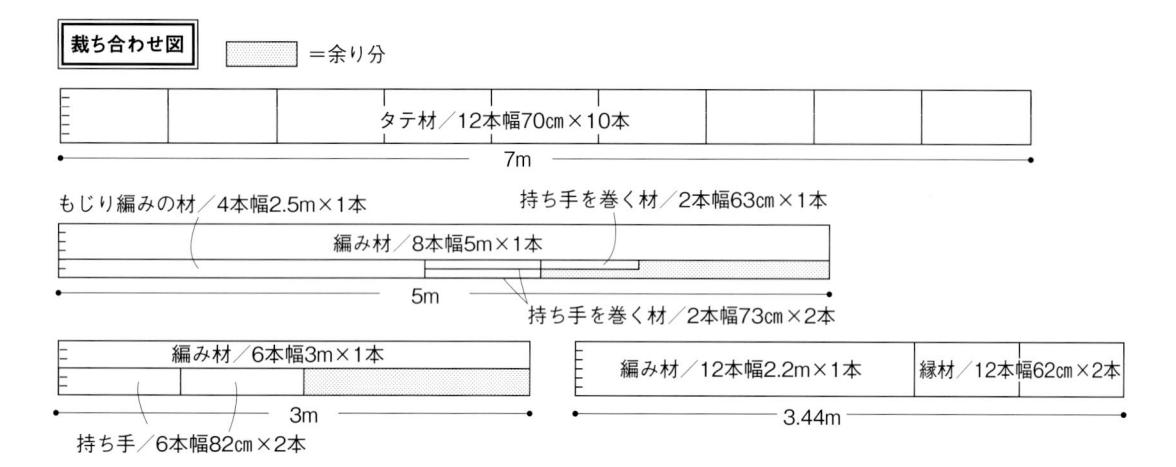

1 ◆ 底を作る

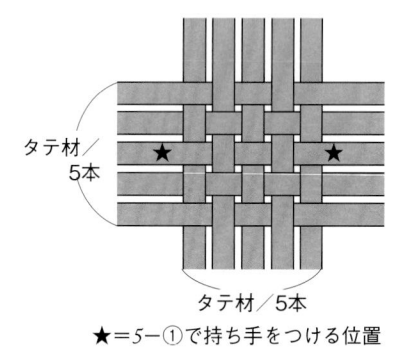

タテ材／5本（縦）、タテ材／5本（横）
★＝5-①で持ち手をつける位置

タテ材5本×5本を組む。材の中心を合わせる。

2 ◆ 立ち上げて側面を編む

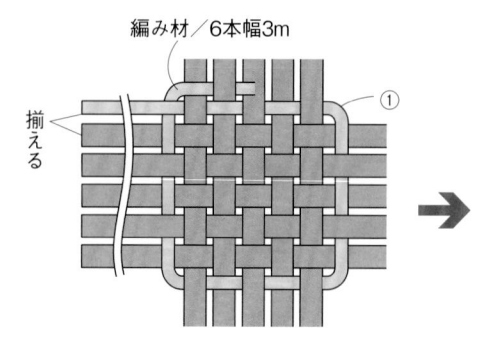

編み材／6本幅3m　①
揃える

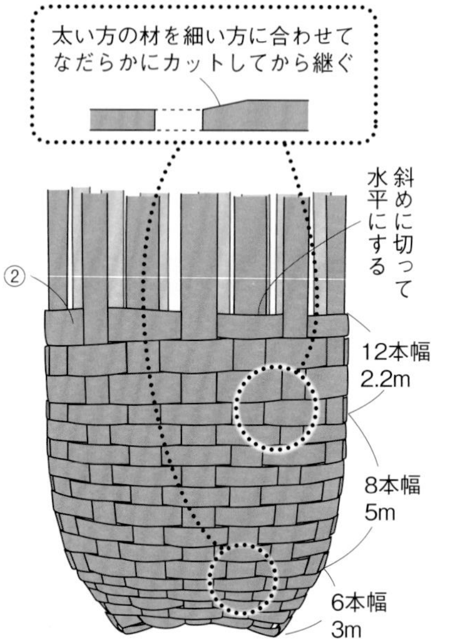

① 6本幅の編み材の端をタテ材の端に揃えて入れ、タテ材を上下して編む。
1周したら、足した編み材の端も1本として編み、螺旋状に続けて編む。

> 太い方の材を細い方に合わせてなだらかにカットしてから継ぐ

斜めに切って水平にする
② 12本幅2.2m
　8本幅5m
　6本幅3m

② 編み材がなくなったら、8本幅、12本幅に継いで編む。材を継ぐときは太い方を細い方に合わせてなだらかになるように先を細く切る。かごの高さが水平に終わるように、編み材の端を細くしてタテ材の間から内側へ入れて終わる。

3 ◆ もじり編みをする

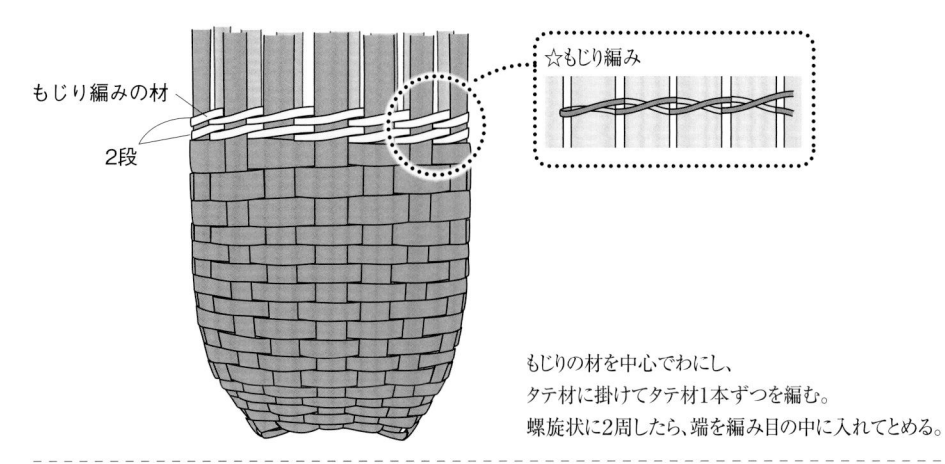

もじり編みの材
2段

☆もじり編み

もじりの材を中心でわにし、
タテ材に掛けてタテ材1本ずつを編む。
螺旋状に2周したら、端を編み目の中に入れてとめる。

---

4 ◆ 縁の始末をする

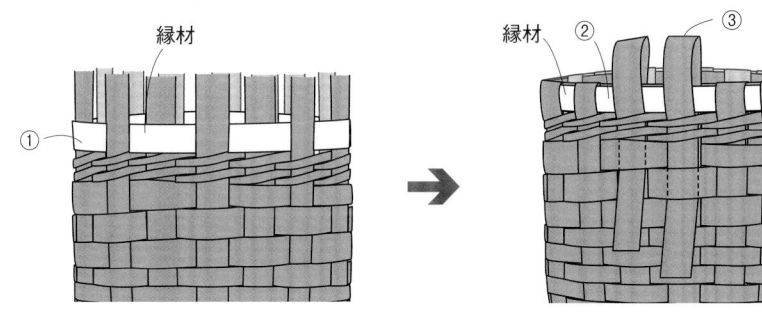

縁材
①

縁材 ② ③

①縁材1本でタテ材を編んで1周し、端を重ねる。

②残りの縁材をタテ材の表側に当てる。
③全部のタテ材を表側に折り、
　下のもじり編みと編み目の中に端を通し入れる。

---

5 ◆ 持ち手をつける

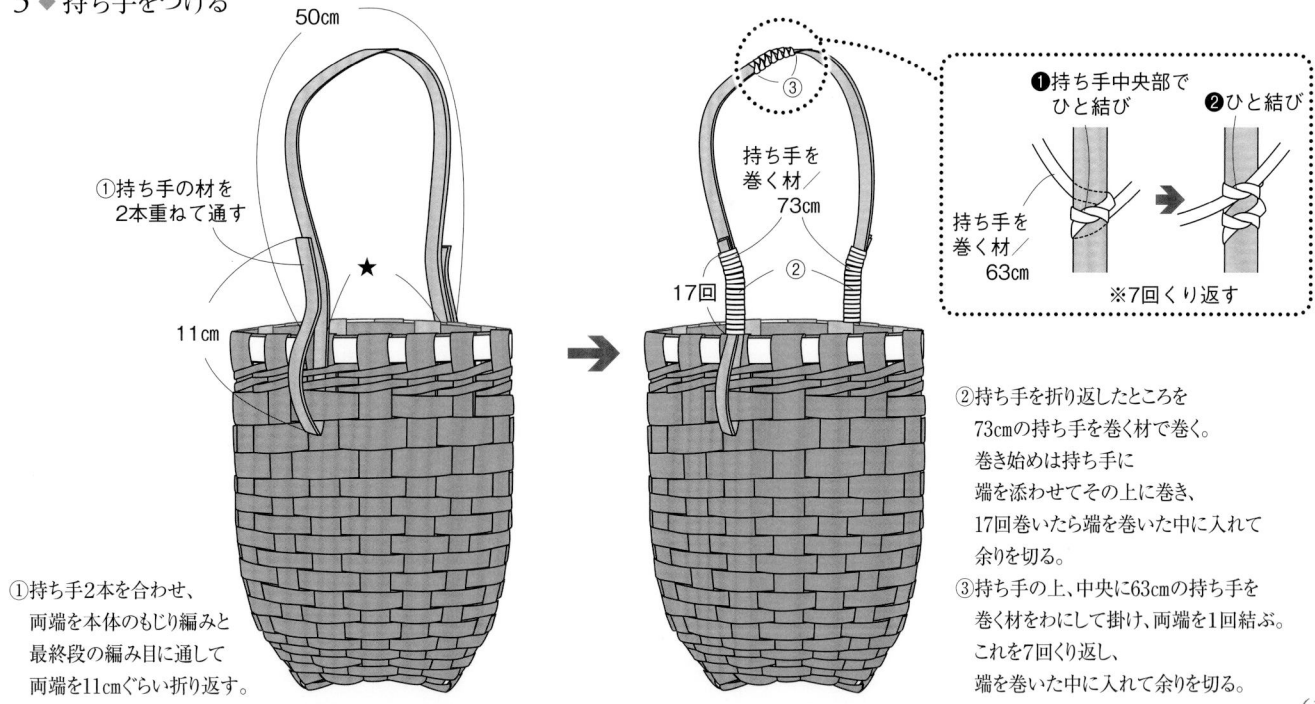

50cm

①持ち手の材を
2本重ねて通す

11cm

★

持ち手を巻く材
73cm

17回

③

❶持ち手中央部で
ひと結び

❷ひと結び

持ち手を巻く材
63cm

※7回くり返す

①持ち手2本を合わせ、
　両端を本体のもじり編みと
　最終段の編み目に通し
　両端を11cmぐらい折り返す。

②持ち手を折り返したところを
　73cmの持ち手を巻く材で巻く。
　巻き始めは持ち手に
　端を添わせてその上に巻き、
　17回巻いたら端を巻いた中に入れて
　余りを切る。

③持ち手の上、中央に63cmの持ち手を
　巻く材をわにして掛け、両端を1回結ぶ。
　これを7回くり返し、
　端を巻いた中に入れて余りを切る。

61

08 ふたつきのかご ◆ 12ページ

サイズ／本体　10.5×14.5×高さ9cm
　　　　　ふた　　13×17×高さ4cm
技法／織り編み
用量／パステルクリーム18.09m
- **本体のタテ材**　6本幅37cm×16本、6本幅40cm×11本
- **本体の編み材**　6本幅5.56m×1本
- **本体の縁材**　12本幅58cm×2本、6本幅58cm×1本
- **本体の縁を巻く材**　1本幅1.8m×1本
- **ふたのタテ材**　6本幅26.5cm×19本、6本幅30cm×14本
- **ふたの編み材**　6本幅2.57m×1本
- **ふたの縁材**　12本幅63cm×2本
- **ふたの縁を巻く材**　1本幅1.88m×1本

準備／37cmを8本、40cmを各6本切り、それぞれ本体のタテ材を6本幅で16本、11本取る。5.56mを切って本体の編み材を6本幅で1本取る。残りからふたの編み材6本幅2.57m、本体の縁を巻く材1本幅1.8m、ふたの縁を巻く材1本幅1.88m、本体の縁材6本幅58cmをそれぞれ1本取る。26.5cmを10本切って、ふたのタテ材を6本幅で19本取る。30cmを7本切って、ふたのタテ材を6本幅で14本取る。本体の縁材58cm2本とふたの縁材63cm2本を12本幅でそれぞれ切る。

裁ち合わせ図　▨＝余り分

本体のタテ材／6本幅37cm×16本
本体のタテ材／6本幅40cm×11本
5.36m

ふたのタテ材／6本幅26.5cm×19本
2.65m

ふたのタテ材／6本幅30cm×14本
2.1m

本体の縁材／12本幅58cm×2本
ふたの縁材／12本幅63cm×2本
2.42m

本体の編み材／6本幅5.56m×1本
本体の縁を巻く材／1本幅1.8m×1本
本体の縁材／6本幅58cm×1本
ふたの編み材／6本幅2.57m×1本
ふたの縁を巻く材／1本幅1.88m×1本
5.56m

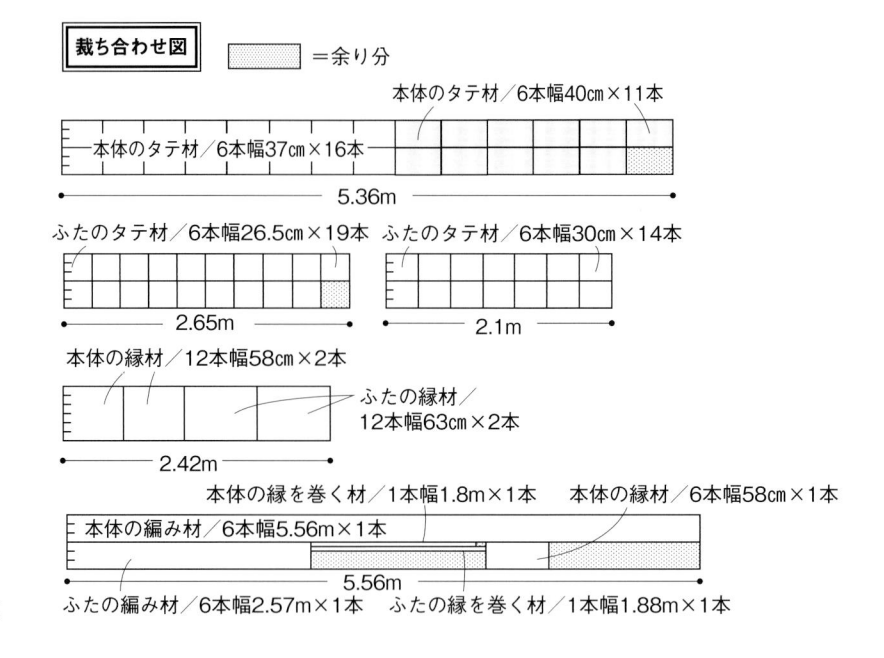

1 ◆ 底を作る

☆本体
タテ材／40cm11本
タテ材／37cm×16本

本体はタテ材16本×11本で組む。
ふたはタテ材19本×14本で組む。
材の中心を合わせる。

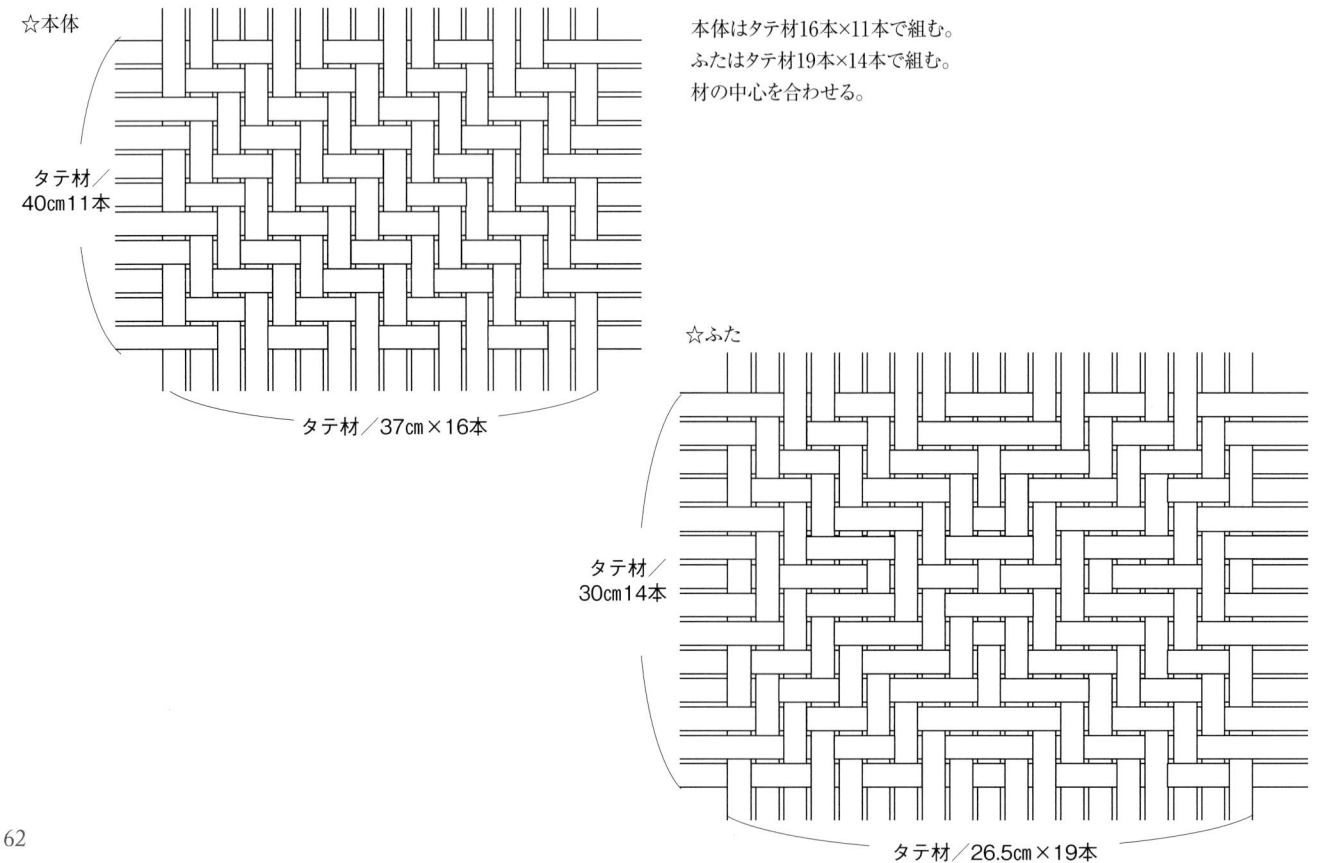

☆ふた
タテ材／30cm14本
タテ材／26.5cm×19本

2 ◆ 立ち上げて側面を編む

①本体、ふたともに編み材の先をタテ材の端に揃えて入れ、タテ材2本ずつを編む。

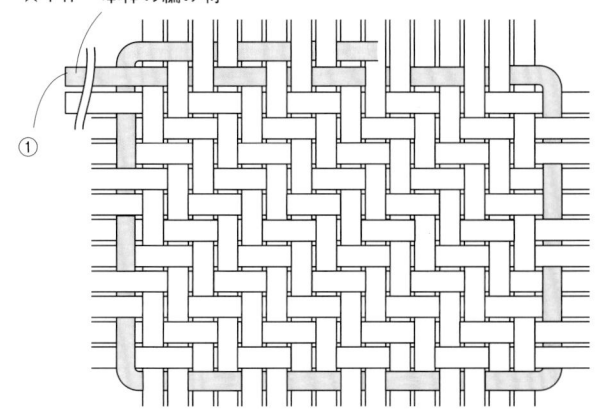

☆本体　本体の編み材

☆ふた　ふたの編み材

②編み材の先も1本として編み、本体は合計9段、ふたは4段編む。
ふたは本体にかぶせて編んで口径を縮める。両方とも編み材の終わりを細く切って高さを水平にする。

☆本体　細く切って高さを水平にする
②9段

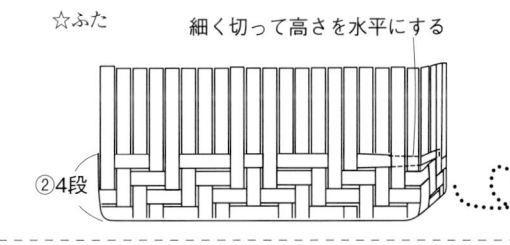

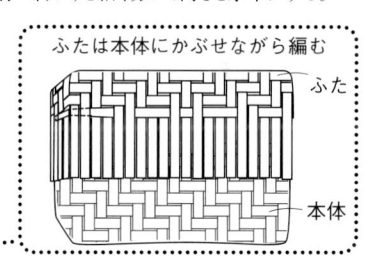

☆ふた　細く切って高さを水平にする
②4段

ふたは本体にかぶせながら編む
ふた／本体

3 ◆ 縁の始末をする

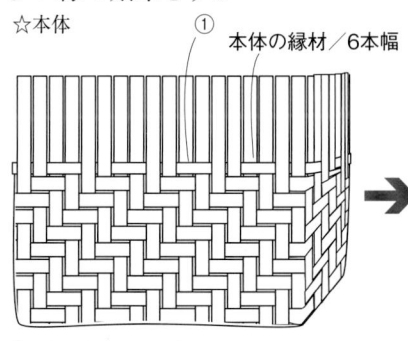

☆本体　①　本体の縁材／6本幅

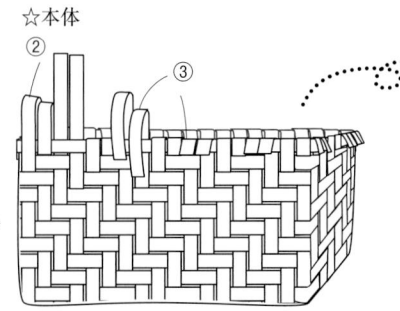

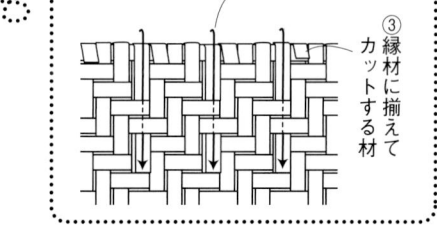

☆本体　②　③

☆内側　②編み目に通す材　③縁材に揃えてカットする材

①本体は縁材でタテ材を2本ずつ編んで1周し、端を重ねる。

②本体は縁材を最終段とする。縁材の表側にあるタテ材を内側に折り返し、下の編み目に端を通す。各辺で3本ぐらい折り返す。

③本体は残りのタテ材のうち、縁材の表側にある材は内側へ、ほかは表側へ折り返し、縁材の下で切る。

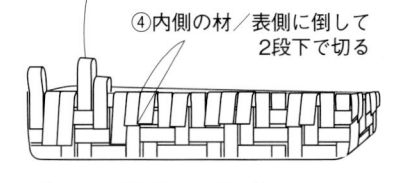

☆ふた　④表側の材／内側に倒す
④内側の材／表側に倒して2段下で切る

④ふたは最終段でタテ材を掛けて同様に表、内側へ折って2段下で余りを切る。

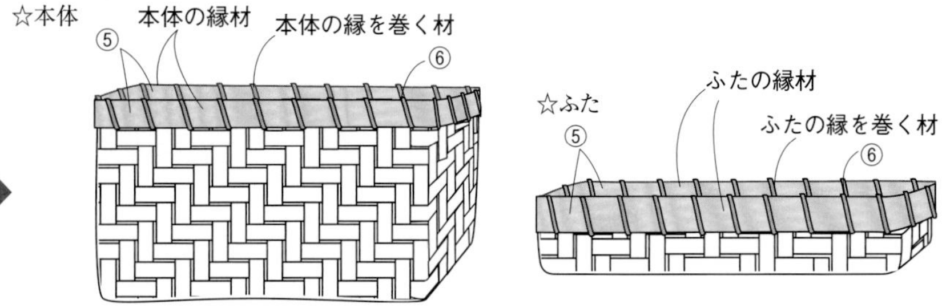

☆本体　⑤本体の縁材　⑥本体の縁を巻く材

☆ふた　⑤ふたの縁材　⑥ふたの縁を巻く材

⑤本体、ふたとも縁材2本を表、内側に当ててクリップで固定する。

⑥縁を巻く材の端を縁材の間に入れて固定し、縁を巻き始める。タテ材2本ごとに1回巻いて1周する。端は縁材の間に入れて余分を切って終わる。

09 六角形のざる ◆ 13ページ

サイズ／直径28×高さ4.5cm
技法／六つ目編み
用量／クラフト17.6m
- 本体　6本幅50cm×24本、6本幅95cm×1本、4本幅40cm×42本
- 縁材　12本幅1m×3本
- 縁を巻く材　2本幅6.05m×1本

準備／50cmを12本切って6本幅を24本取る。6.05mを切って縁を巻く材2本幅を1本、残りから本体4本幅を30本取る。95cmを切って本体6本幅1本、本体4本幅40cmを2本取る。40cmを4本切って本体4本幅を10本取る。縁材を12本幅1mで3本切る。

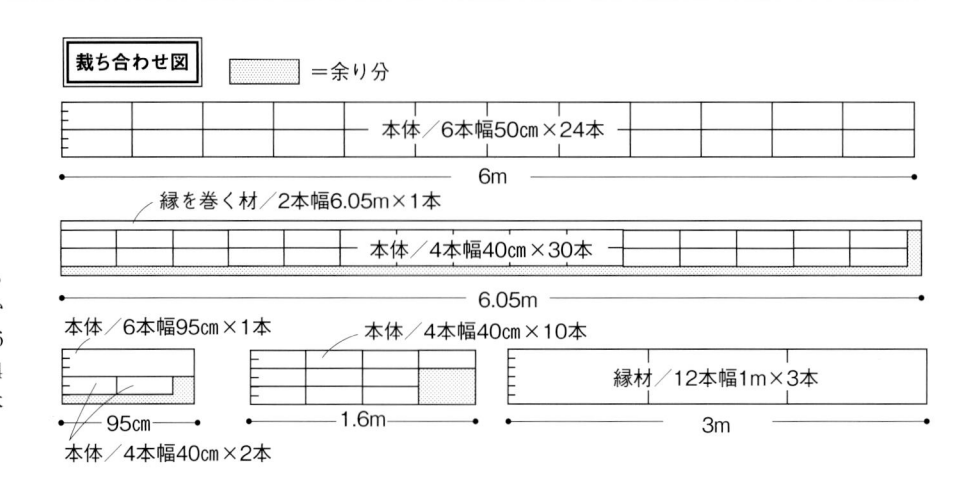

裁ち合わせ図　▨＝余り分

本体／6本幅50cm×24本　——6m——
縁を巻く材／2本幅6.05m×1本
本体／4本幅40cm×30本　——6.05m——
本体／6本幅95cm×1本　95cm
本体／4本幅40cm×2本
本体／4本幅40cm×10本　1.6m
縁材／12本幅1m×3本　3m

1 ◆ 底を組む

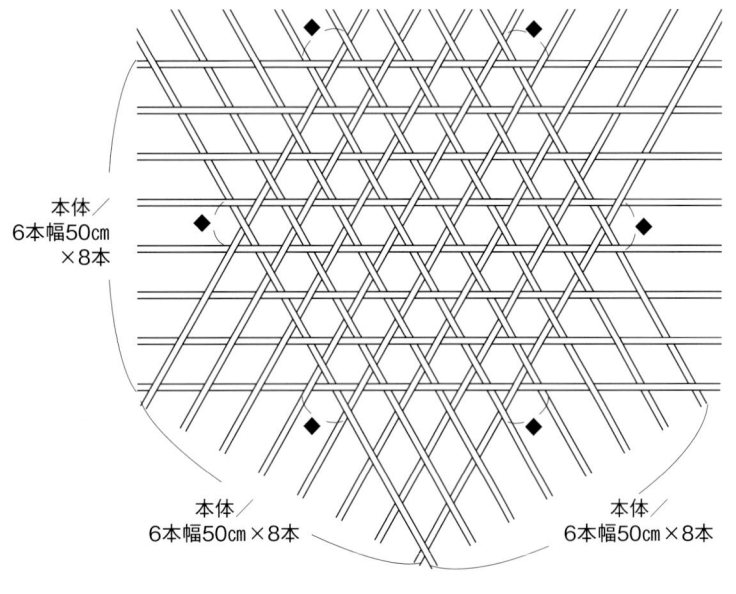

◆＝交差して角を組む位置

本体50cmを8本ずつ3方向に組み中心を合わせる。
六つ目の編み方は36・37ページ、プロセス1〜12を参照。

本体／6本幅50cm×8本（3方向）

2 ◆ 立ち上げて側面を組む

95cmの材を周りに入れて五角形を6カ所組んで立ち上げて1周し、端同士を重ねる。

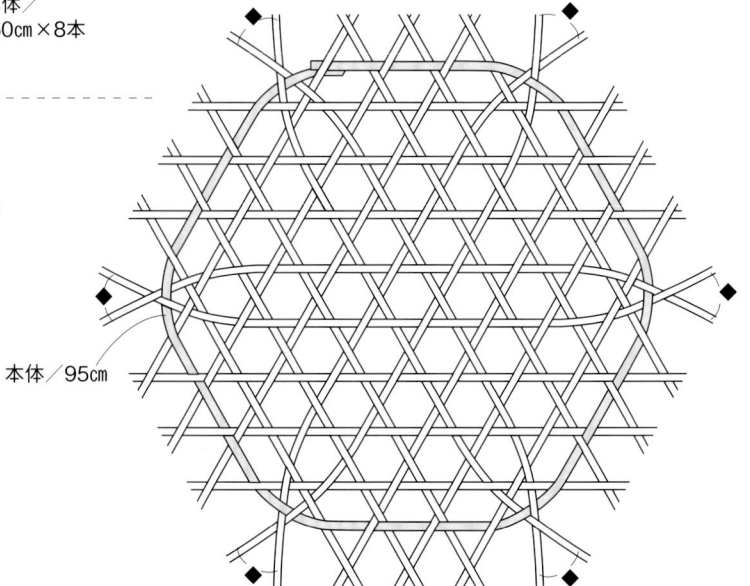

本体／95cm

3 ◆ 材を入れる

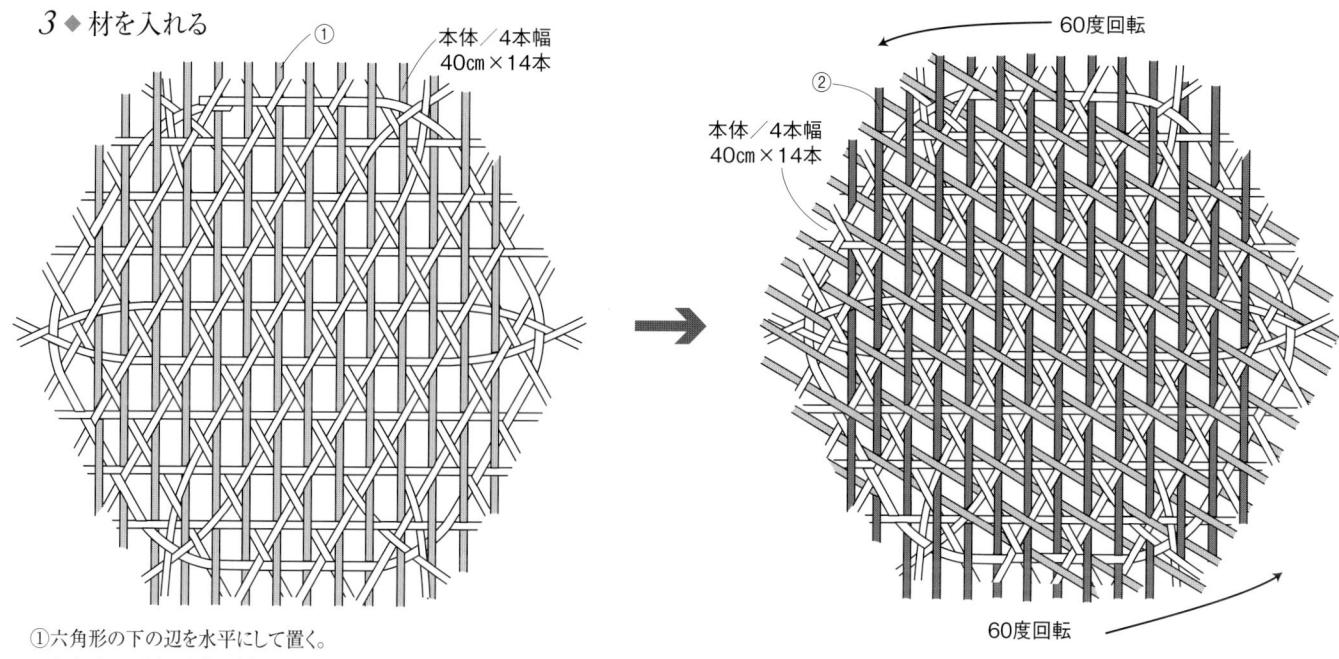

本体／4本幅
40cm×14本

60度回転

本体／4本幅
40cm×14本

① 六角形の下の辺を水平にして置く。
六角形の両端に本体4本幅を2本ずつ、交点を上下して通し、合計14本を入れる。

② 回転させ隣の辺を水平に置き、①と同様に4本幅を14本入れる。

60度回転

本体／4本幅
40cm×14本

60度回転

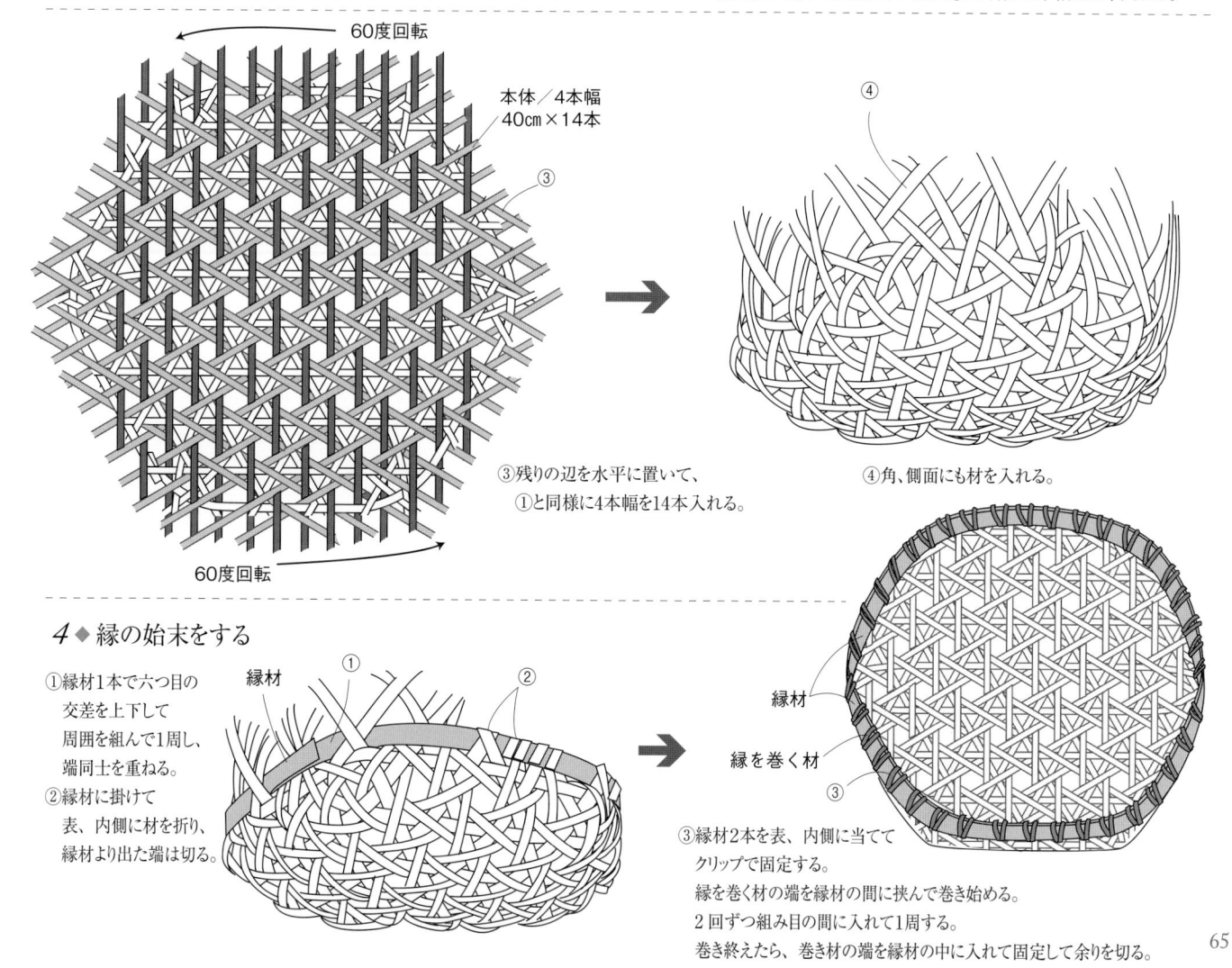

③ 残りの辺を水平に置いて、①と同様に4本幅を14本入れる。

④ 角、側面にも材を入れる。

4 ◆ 縁の始末をする

縁材

① 縁材1本で六つ目の交差を上下して周囲を組んで1周し、端同士を重ねる。
② 縁材に掛けて表、内側に材を折り、縁材より出た端は切る。

縁材
縁を巻く材

③ 縁材2本を表、内側に当ててクリップで固定する。
縁を巻く材の端を縁材の間に挟んで巻き始める。
2回ずつ組み目の間に入れて1周する。
巻き終えたら、巻き材の端を縁材の中に入れて固定して余りを切る。

65

11 | 持ち手つき四角底のかご ◆ 14ページ

サイズ／直径15×高さ12cm
技法／織り編み
用量／クラフト13.45m
- **タテ材** 12本幅50cm×10本
- **編み材** 6本幅5.84m×1本
- **縁材** 12本幅52cm×3本
- **縁を巻く材** 2本幅2.5m×1本
- **持ち手** 12本幅65cm×1本、12本幅40cm×1本

準備／タテ材、縁材、持ち手を12本幅でそれぞれ切る。5.84mを切り、編み材6本幅1本を取り、残りから縁を巻く材2本幅2.5mを1本取る。

1 ◆ 底を作る

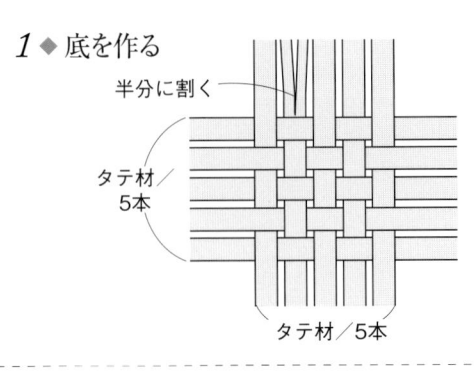

半分に割く
タテ材／5本
タテ材／5本

タテ材5本×5本を組む。
材の中心を合わせる。
タテ材1本を半分に割く。

2 ◆ 立ち上げて側面を編む

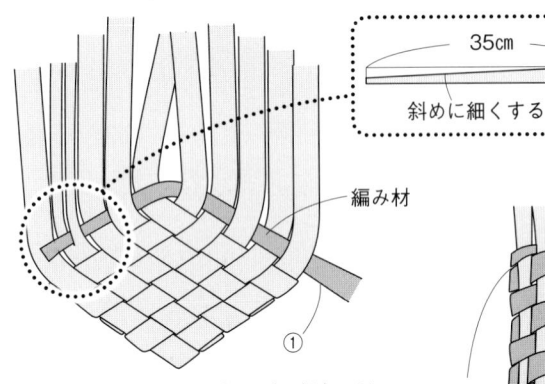

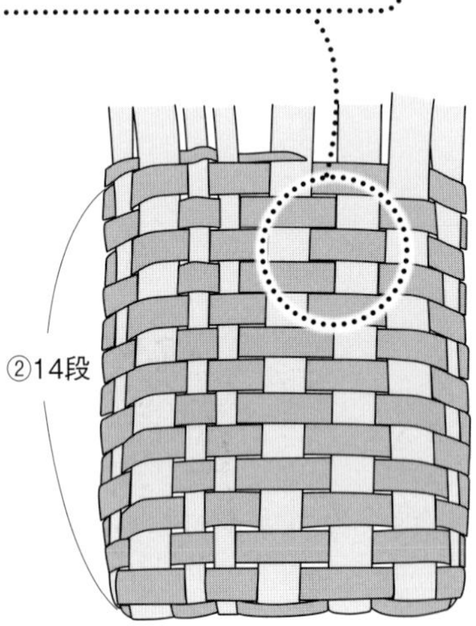

35cm
斜めに細くする
編み材
①
②14段

①編み材の先から35cmのところまで細くカットして、タテ材の間に入れて編み始める。
②タテ材1本ずつを上下して14段編む。
かごの高さが水平になるように、編み終わりの位置（大体編み始めの上）を決め、編み材の端を細くしてタテ材の間から内側へ入れて終わる。

3 ◆ 縁の始末をする

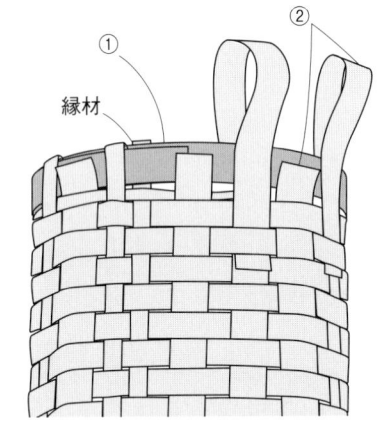

① ②
縁材

①縁材1本でタテ材を1本ずつ編んで1周し、端同士を重ねる。
②縁材の内側にあるタテ材は外側に折って表側の編み目に端を通す。
縁材の外側にある材は縁の上端で切る。

4 ◆ 持ち手をつける

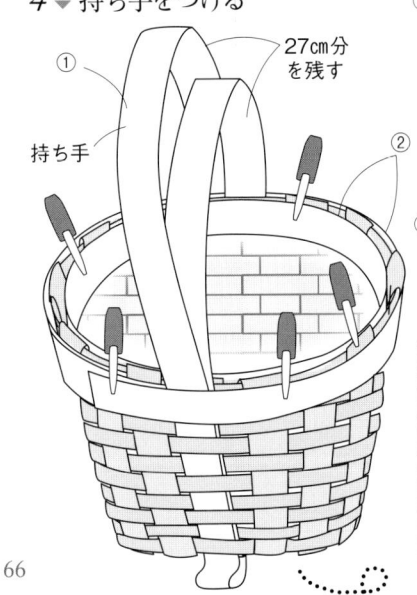

①
27cm分を残す
持ち手
②
☆底側
端を重ねる
③
縁を巻く材

①65cmの持ち手をタテ材の外側の編み目に重ねて底まで通す。持ち手の分27cmを残して再びタテ材の編み目に重ねて底まで通し、端同士を重ねる。40cmの持ち手を内側に重ねてクリップでとめ、両端をタテ材の内側の編み目に通す。
②縁材を表、内側に当ててクリップでとめる。 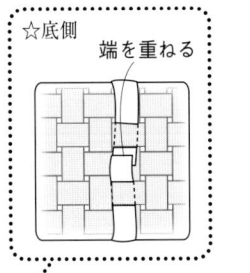 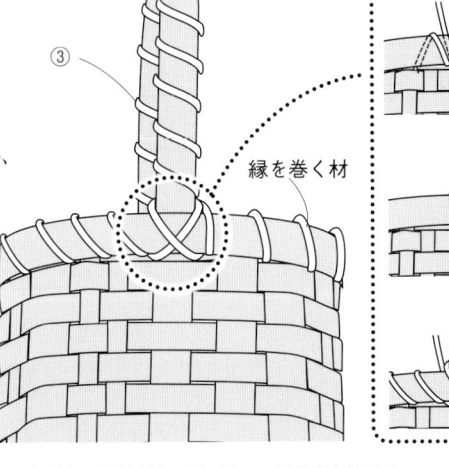 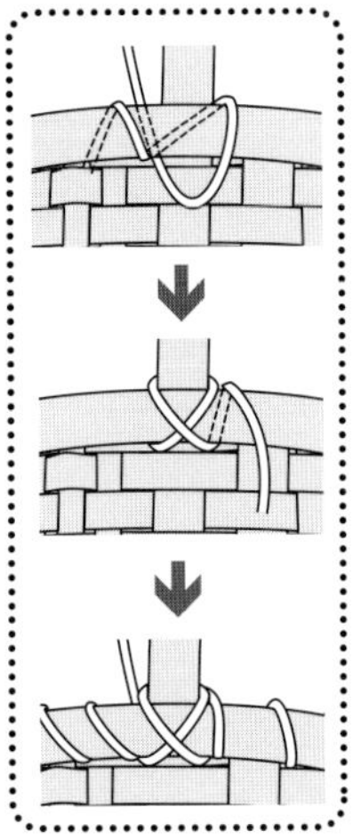
③縁を巻く材の端を縁材の間に挟んで縁を巻き始める。持ち手と縁材が重なる部分は交差させて、1周する。続けて持ち手を巻き、材の端は縁材の中に入れて固定し始末する。

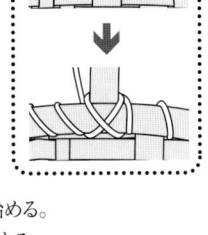

17 ギザギザ縁の小かご ◆ 19ページ

サイズ／15×高さ19cm
技法／組み編み
用量／茶11.4m
・本体　12本幅90cm×12本
・掛け紐　3本幅60cm×1本
準備／本体90cm12本を12本幅で取る。
60cmを切って掛け紐3本幅を1本取る。

1 ◆ 底を組む

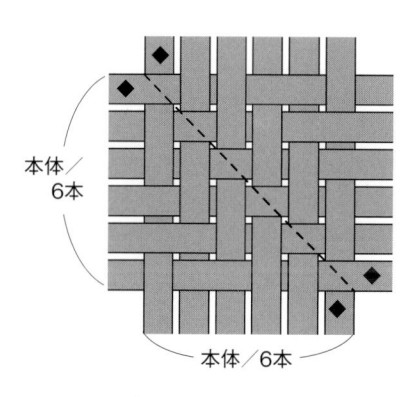

本体／6本
本体／6本

◆＝交差して角を組む位置

6本×6本を組む。材の中心を対角線に合わせる。

2 ◆ 立ち上げて側面を組む

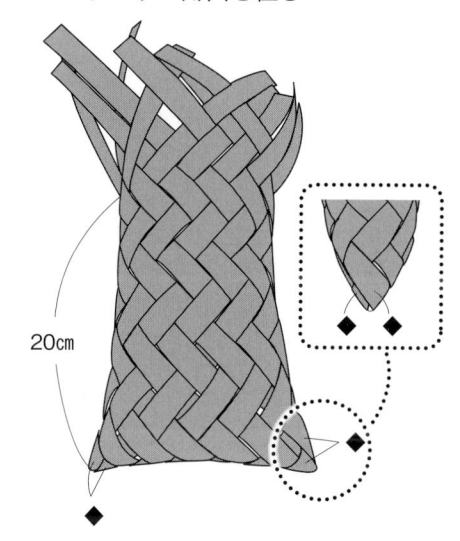

20cm

1の◆印の材同士を交差して角を組む。
全部で2カ所組んで立ち上げ、
2本ずつ上下させて底から20cmぐらい組む。

3 ◆ 縁の始末をする

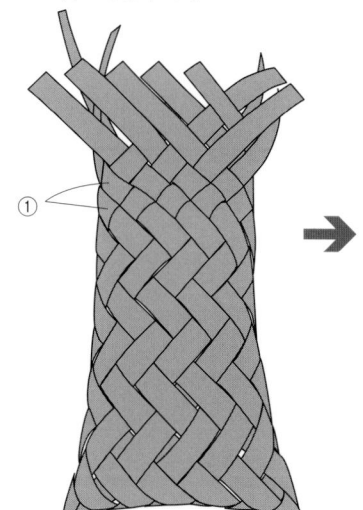

折って通す

折って通す

そのほかも同様に折る

①底から8、9段目を1本ずつ組む。

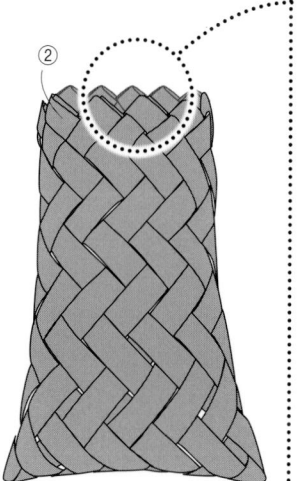

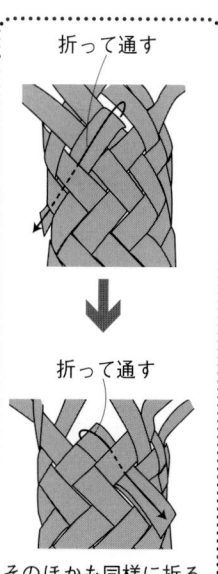

②交差する2本の材を
図のように折り返して
端を組み目に通し入れる。

4 ◆ 掛け紐をつける

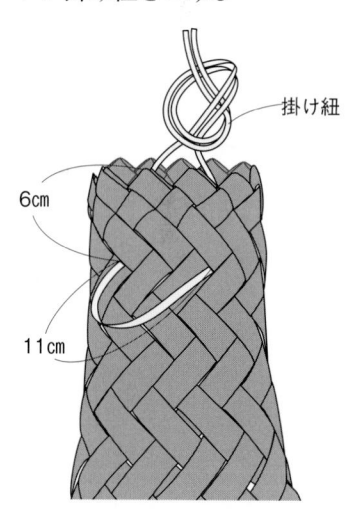

掛け紐
6cm
11cm

紐は縁から6cm程度下の組み目に
内側から端を通し、掛ける分を11cm残して
本体へ入れる。両端は内側で結ぶ。

12 | 麻の葉編みのバッグ ◆ 15ページ

サイズ／25×高さ19×マチ9cm
技法／麻の葉編み
用量／茶38.9m
- 本体　12本幅90cm×18本、
　　　　12本幅80cm×10本、
　　　　12本幅70cm×10本
- 縁材　12本幅60cm×2本
- 縁を巻く材　2本幅3m×1本
- 持ち手　12本幅1.9m×1本
- 持ち手補強材　12本幅40cm×2本
- 持ち手を巻く材　2本幅3.8m×2本
- 持ち手の飾り材　5本幅30cm×2本

準備／3.8mを切り、持ち手を巻く材2本幅を2本、縁を巻く材2本幅3mを1本、持ち手の飾り材5本幅30cmを2本取る。本体、縁材、持ち手、持ち手補強材をそれぞれ12本幅で切る。

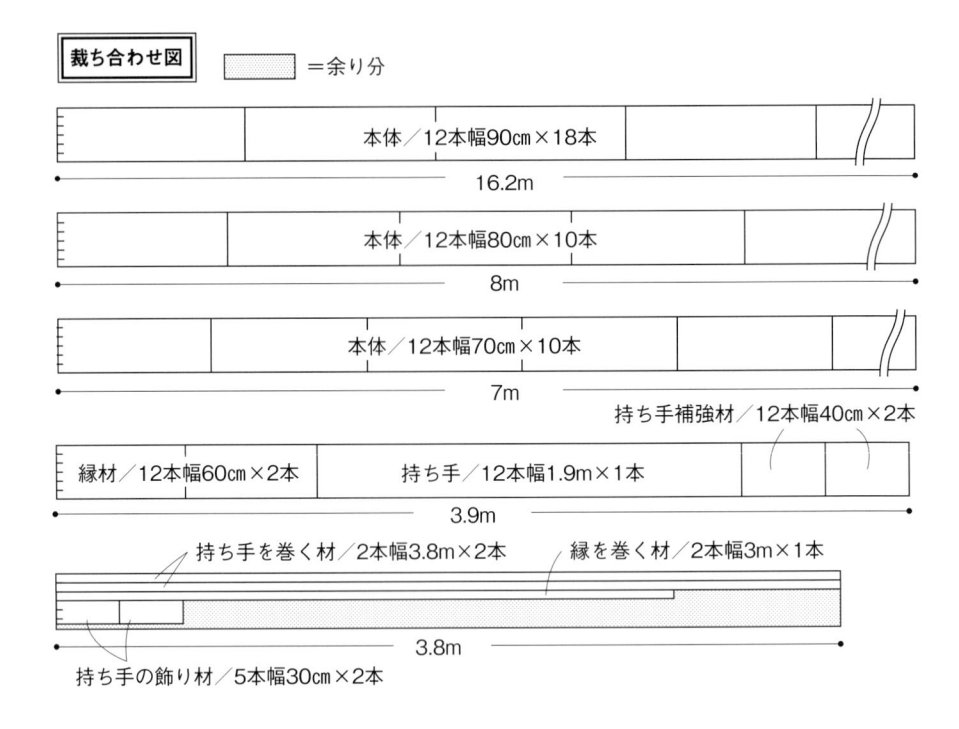

裁ち合わせ図　▨ ＝余り分

本体／12本幅90cm×18本　— 16.2m
本体／12本幅80cm×10本　— 8m
本体／12本幅70cm×10本　— 7m
持ち手補強材／12本幅40cm×2本
縁材／12本幅60cm×2本　持ち手／12本幅1.9m×1本　— 3.9m
持ち手を巻く材／2本幅3.8m×2本　縁を巻く材／2本幅3m×1本　— 3.8m
持ち手の飾り材／5本幅30cm×2本

1 ◆ 底を組む

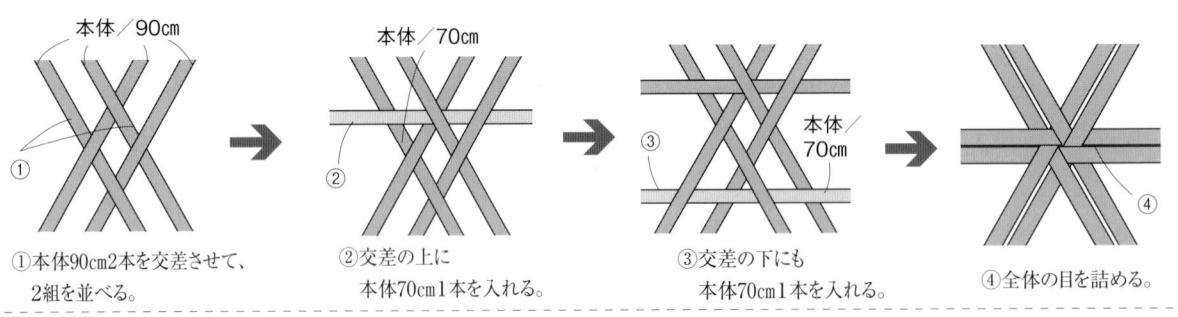

①本体90cm2本を交差させて、2組を並べる。
②交差の上に本体70cm1本を入れる。
③交差の下にも本体70cm1本を入れる。
④全体の目を詰める。

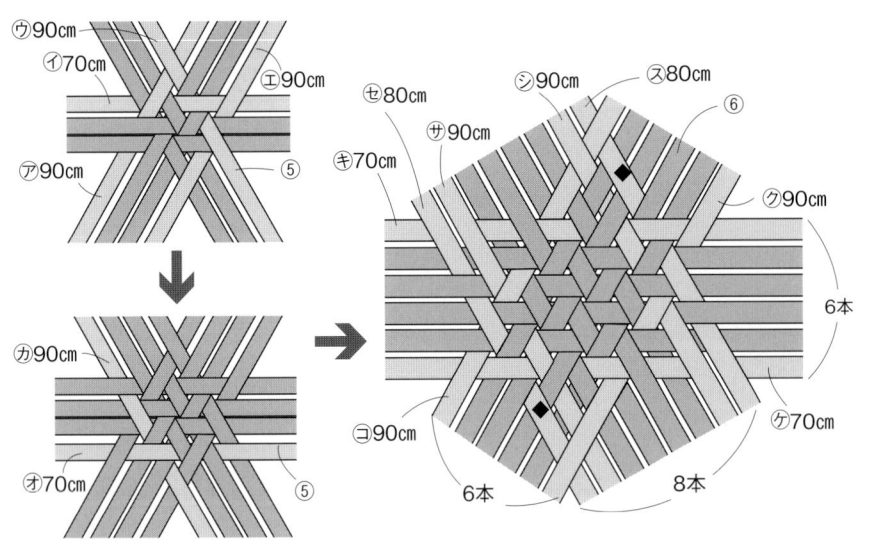

⑤1本ずつを3方向に加える。
（ア90cm、イ70cm、ウ90cm、エ90cm、オ70cm、カ90cm）

⑥6本×6本×8本で底を組む。
（キ70cm、サ90cm、セ80cm、シ90cm、ス80cm、ク90cm、ケ70cm、コ90cm）

2 ◆ 立ち上げて側面を組む

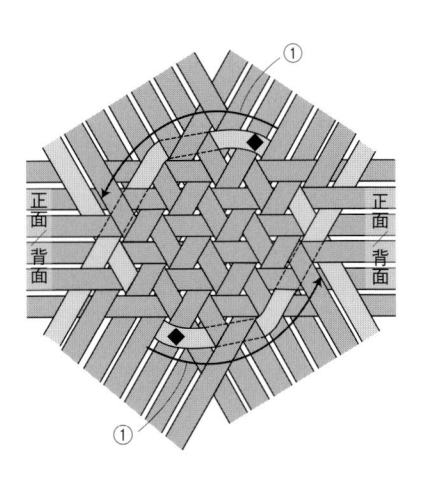

①図中◆の材を矢印の方向に組み変え、角を組む。反対側も同様に組む。

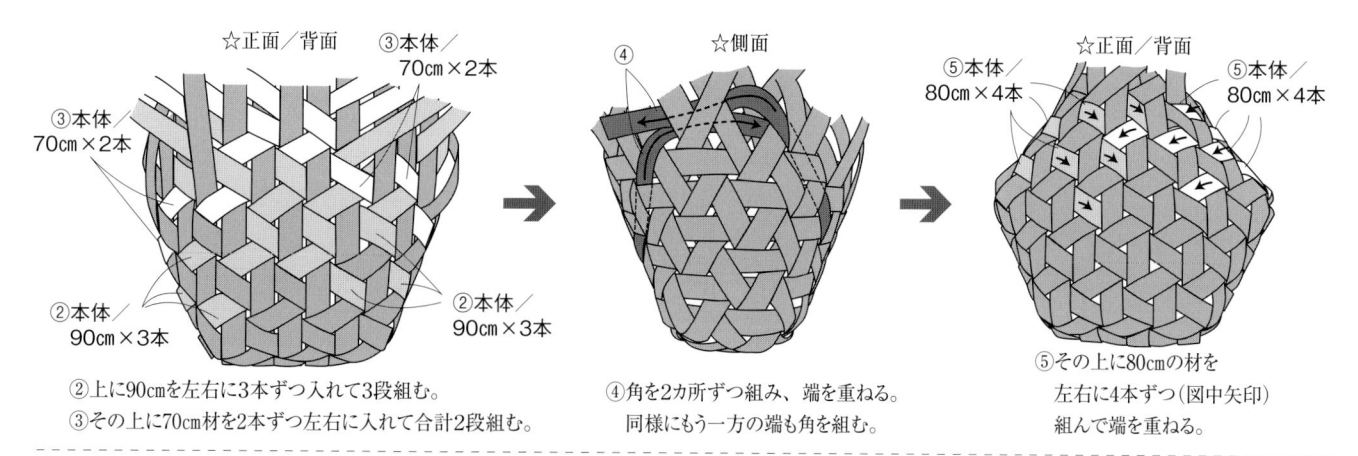

☆正面/背面 ③本体/70cm×2本
③本体/70cm×2本
②本体/90cm×3本
②本体/90cm×3本

②上に90cmを左右に3本ずつ入れて3段組む。
③その上に70cm材を2本ずつ左右に入れて合計2段組む。

☆側面 ④

④角を2カ所ずつ組み、端を重ねる。
同様にもう一方の端も角を組む。

☆正面/背面 ⑤本体/80cm×4本
⑤本体/80cm×4本

⑤その上に80cmの材を
左右に4本ずつ（図中矢印）
組んで端を重ねる。

3 ◆ 縁の始末をする

①最終段に掛かる8本の材の
それぞれ交差している材同士を
折り返して組み目に通す。
通らないところはどちらかを5段目の縁で切り、
その上に折り返す。
②残りも折り返すか、切って始末する。
端を組み目に入れる。

☆側面 ①

縁材 ②

③縁材1本を側面の組み目に通して1周し、端を重ねる。
縁材のもう1本を内側に当てて合わせ、端を重ねて1周する。
最終段に掛かる8本の材が
それぞれ交差している材同士を折り返して組み目に通す。
通らないところはどちらかを5段目の縁で切り、その上に折り返す。

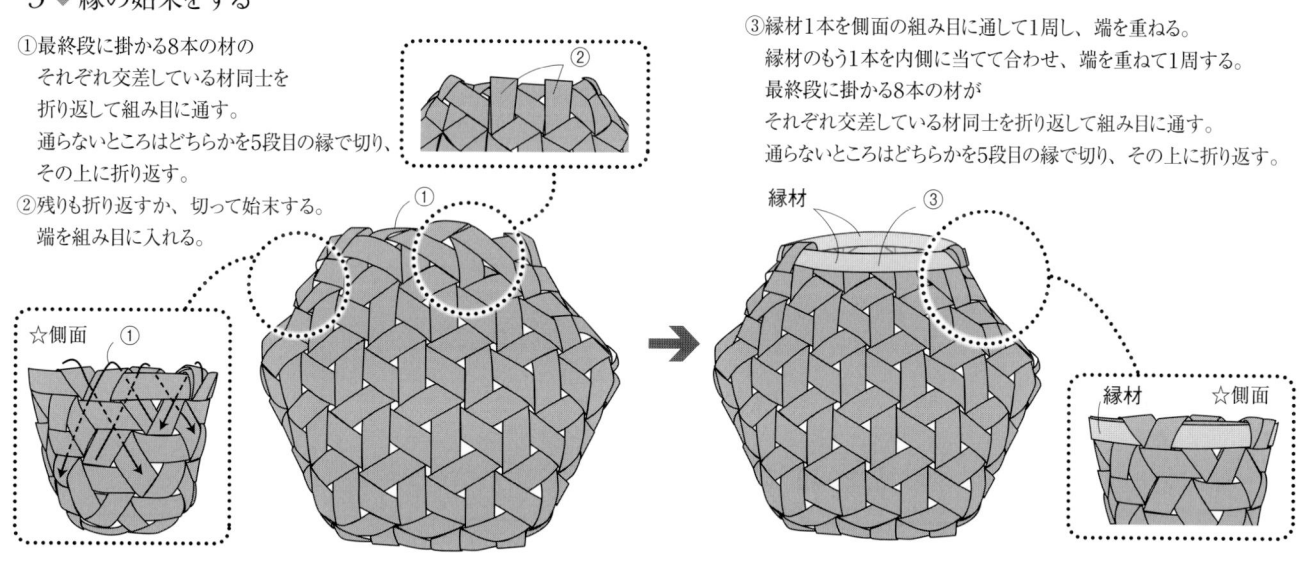

縁材 ③

縁材 ☆側面

4 ◆ 持ち手をつける

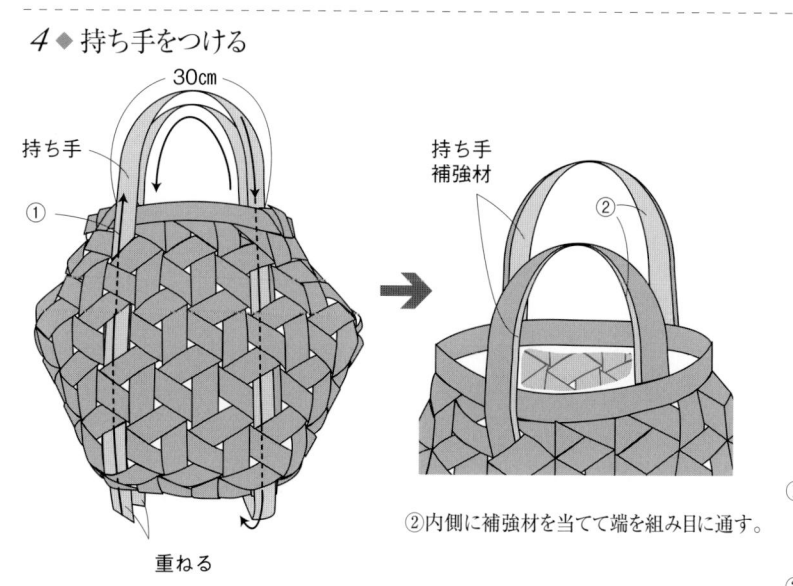

30cm
持ち手 ①
重ねる

持ち手補強材
②

②内側に補強材を当てて端を組み目に通す。

①持ち手を縦方向の材に重ねて底まで通し入れる。
持ち手の分30cmを残して、縁材の下の組み目を
通して底に出し、反対側同様に通して底で端同士を重ねる。

5 ◆ 縁と手を巻く

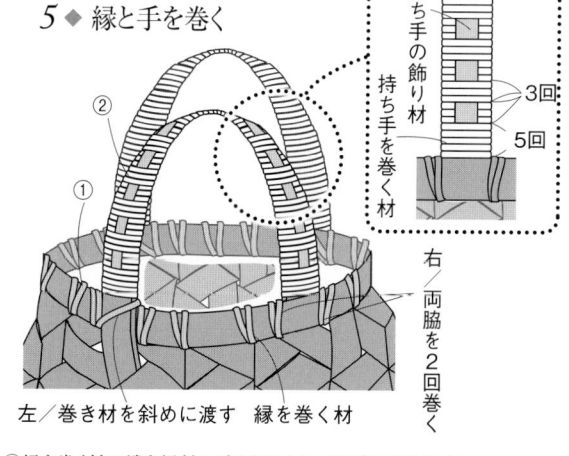

①
②

持ち手の飾り材
3回
5回
持ち手を巻く材

右/両脇を2回巻く
左/巻き材を斜めに渡す　縁を巻く材

①縁を巻く材の端を縁材の重なりに入れて固定し巻き始める。
組み目に2回ずつ入れて1周する。左側の持ち手の下は斜めに渡し、
右側の持ち手の下は2回ずつ脇を巻く。端を縁材に入れて余分を切る。
②持ち手を巻く材の端を持ち手の重なりに入れて持ち手を巻く。
5回巻いたら、飾りの材を入れて3回ずつ、この材を上下して巻く。
巻き終わりは飾り材の上を数回巻いて端を縁材の中に入れて余分を切る。

69

13 ランチョンマット ◆ 16ページ

サイズ／29×36cm
技法／組み編み
用量／チョコ15.26m

- **本体** 12本幅36cm×14本、
  12本幅29cm×18本
- **縁材** 12本幅36cm×4本、
  12本幅29cm×4本
- **縁を巻く材** 1本幅3.7m×1本

1 ◆ 材を組む

14本×18本を組む。
材の中心を合わせる。

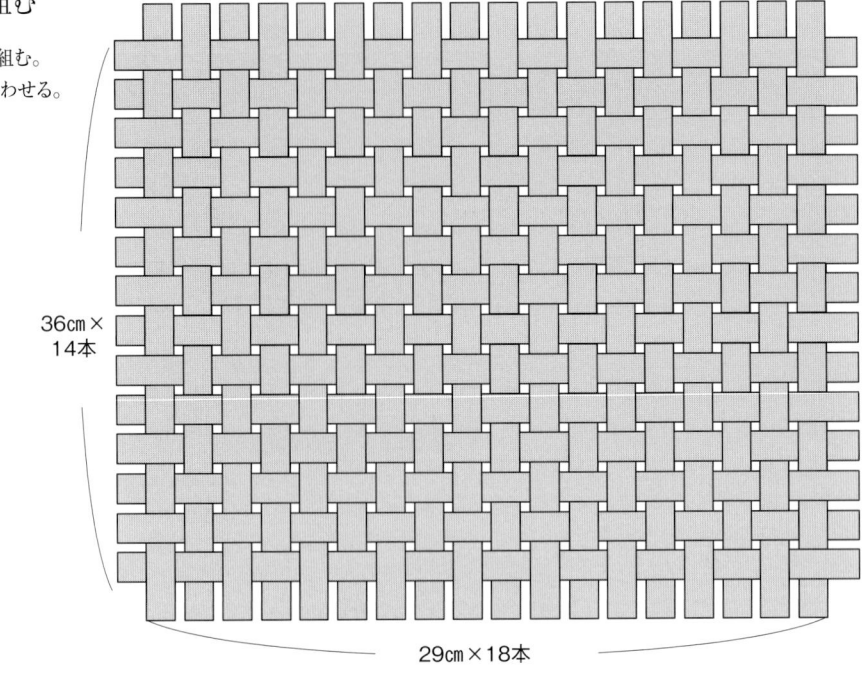

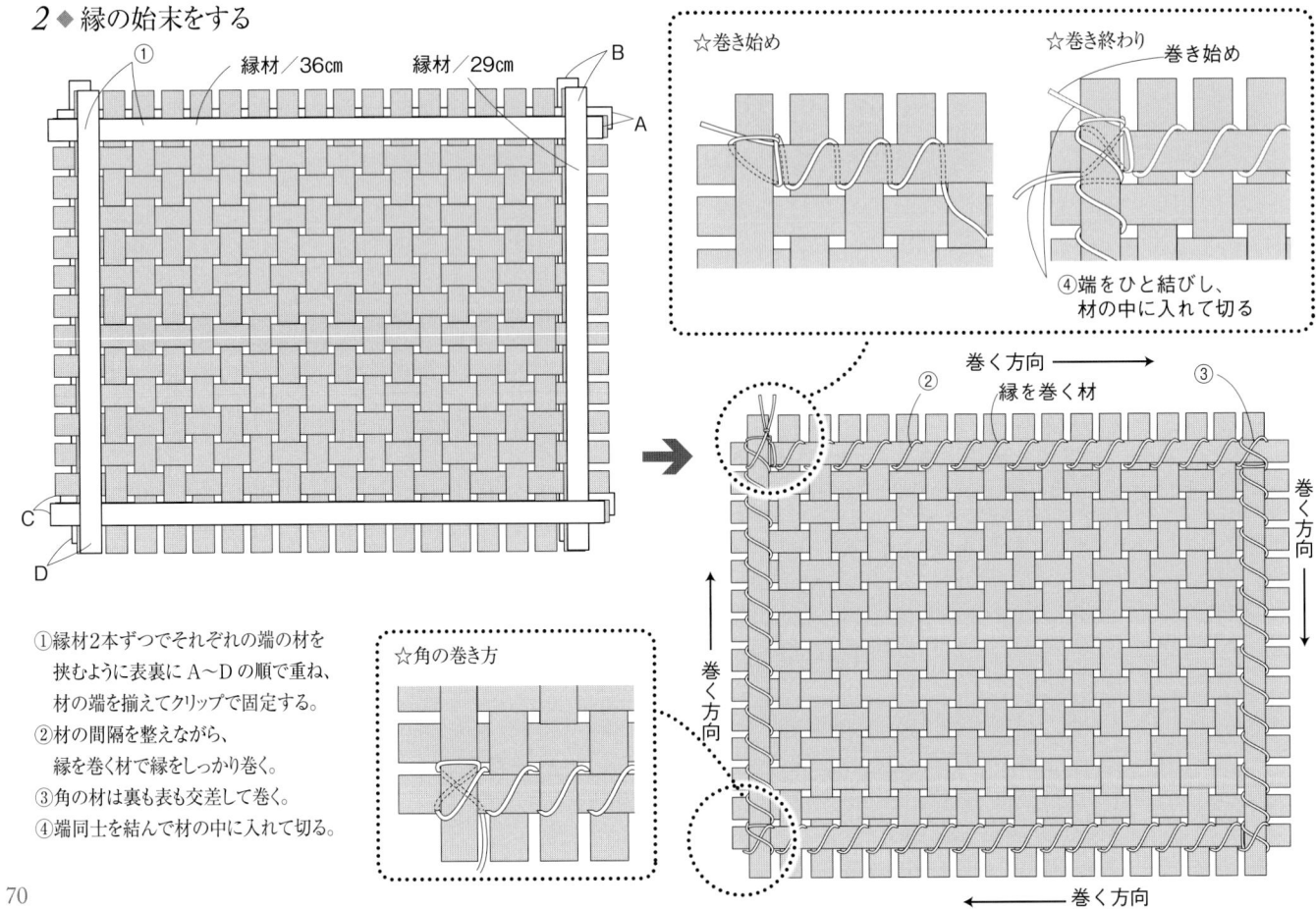

36cm×14本
29cm×18本

2 ◆ 縁の始末をする

縁材／36cm　縁材／29cm

☆巻き始め　☆巻き終わり　巻き始め

④端をひと結びし、材の中に入れて切る

巻く方向
縁を巻く材
巻く方向
巻く方向
巻く方向

☆角の巻き方

① 縁材2本ずつでそれぞれの端の材を挟むように表裏にA〜Dの順で重ね、材の端を揃えてクリップで固定する。
② 材の間隔を整えながら、縁を巻く材で縁をしっかり巻く。
③ 角の材は裏も表も交差して巻く。
④ 端同士を結んで材の中に入れて切る。

15 | コースター ◆ 17ページ

サイズ／大13×13cm、小11×11cm
技法／組み編み、もじり編み
用量／大…黒コーヒーMB4.8m
　　　　小…サーモンMB3.66m
・大の本体　　12本幅13cm×20本
・大の縁を巻く材　2本幅2.2m×1本
・小の本体　　12本幅11cm×16本
・小の縁を巻く材　1本幅1.9m×1本

1 ◆ 材を組む

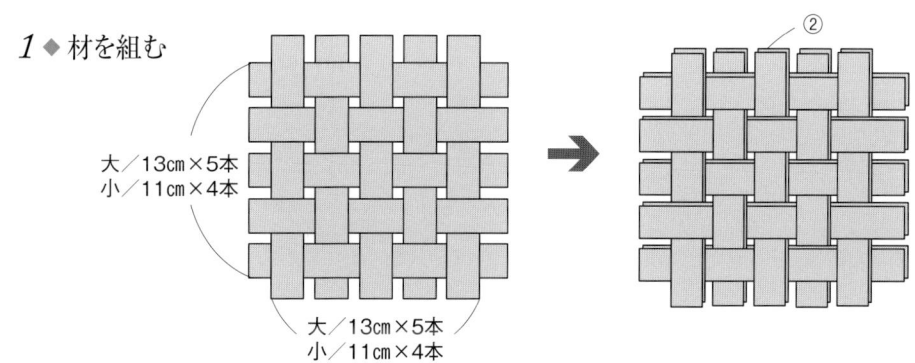

大／13cm×5本
小／11cm×4本

大／13cm×5本
小／11cm×4本

①大は5本×5本、小は4本×4本を組む。
中心を揃えてクリップで端を押さえる。

②大、小とも残りの材を組み目に通して重ね2重にする。端を揃えてクリップで固定する。

2 ◆ 縁の始末をする

縁を巻く材をわにして端の材に掛け、周囲をもじり編みで2周する。
材は端同士を結び、組み目に入れる。

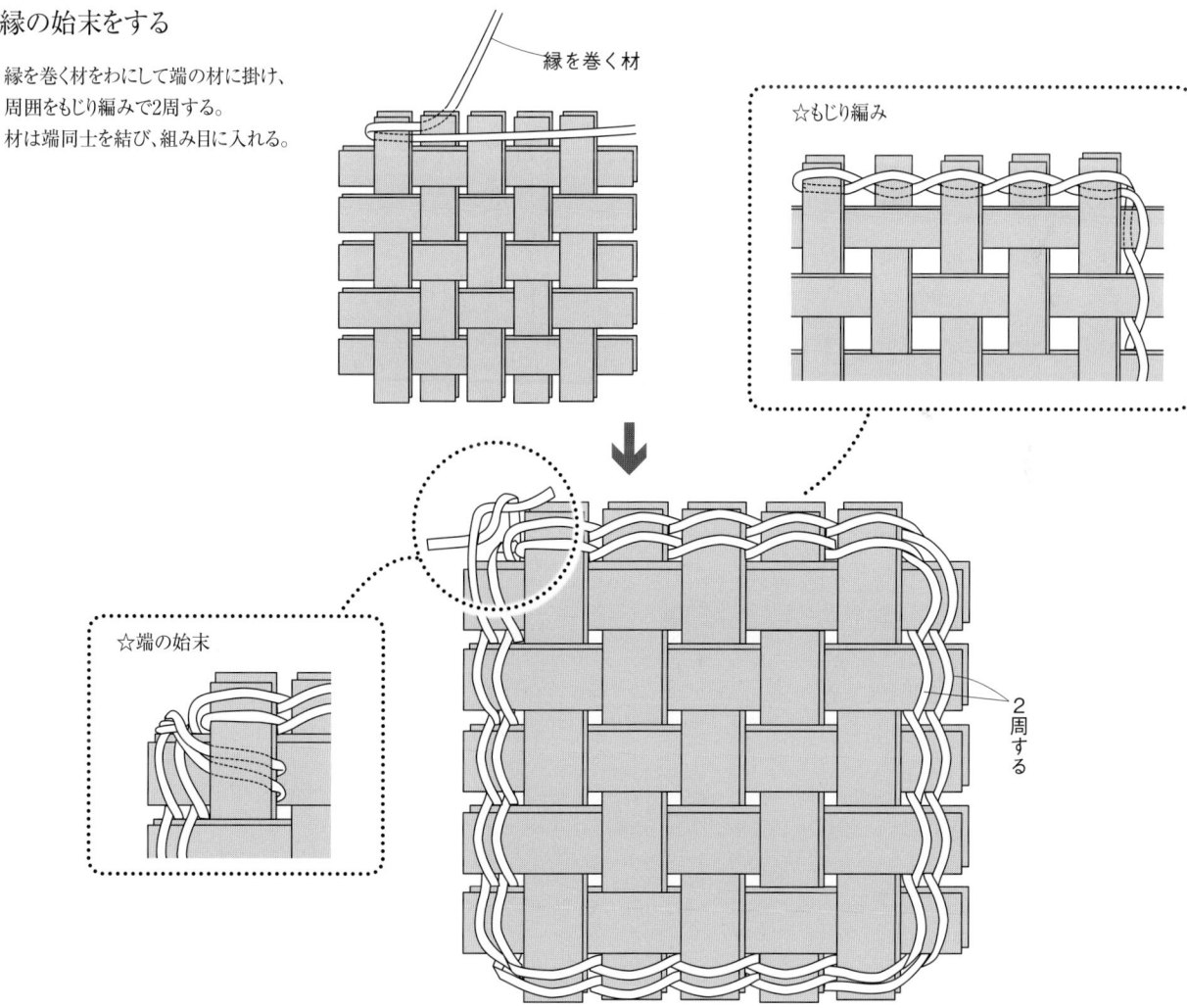

縁を巻く材

☆もじり編み

☆端の始末

2周する

14 長細の四角かご ◆ 17ページ

サイズ／22×10×高さ6.5cm
技法／組み編み
用量／柿渋11.28m

- **本体**　6本幅43cm×34本
- **補強材**　6本幅73cm×1本、6本幅28cm×1本、6本幅40cm×1本
- **縁材**　12本幅73cm×2本
- **縁を巻く材**　2本幅3.5m×1本

準備／3.5mを切り、縁を巻く材2本幅1本を取り、残りから本体6本幅43cm8本を取る。73cmを切り、補強材6本幅、6本幅28cm、6本幅40cmを各1本ずつ取る。43cmを13本切って、本体6本幅を26本取る。縁材12本幅73cmを2本切る。

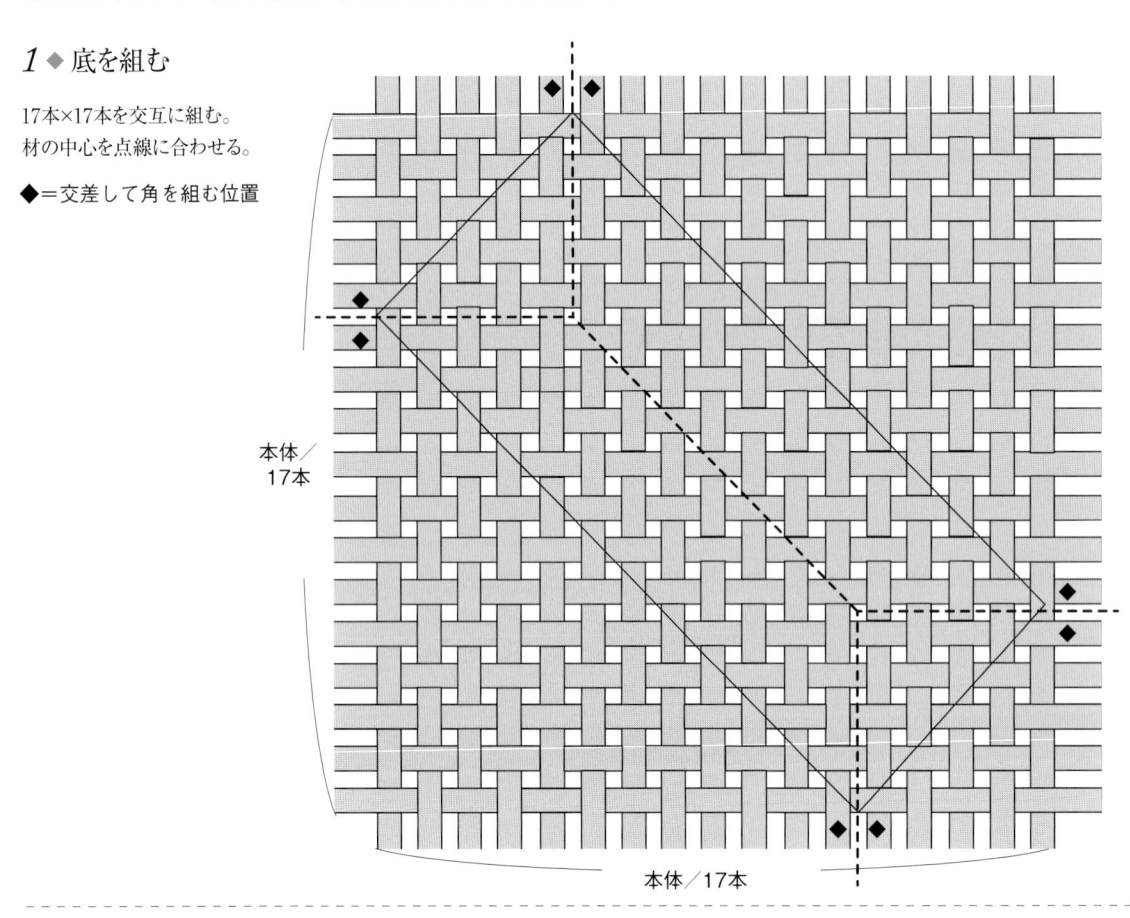

1 ◆ 底を組む

17本×17本を交互に組む。
材の中心を点線に合わせる。

◆＝交差して角を組む位置

本体／17本
本体／17本

2 ◆ 立ち上げて側面を組む

1の◆の材同士を交差して角を組む。
全部で4カ所組んで立ち上げ、側面を4段組む。

4段

3 ◆ 補強材を入れる

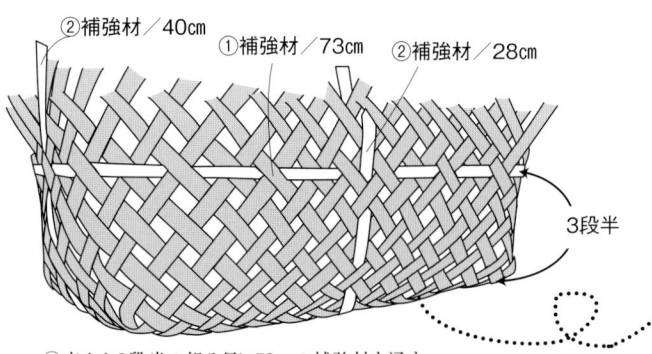

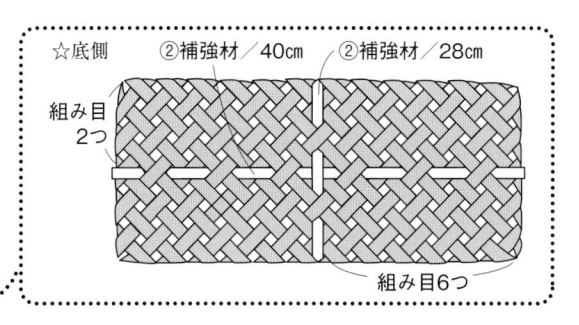

②補強材／40cm　①補強材／73cm　②補強材／28cm

3段半

☆底側　②補強材／40cm　②補強材／28cm

組み目2つ

組み目6つ

①底から3段半の組み目に73cmの補強材を通す。
②本体の中央の組み目にもそれぞれ補強材を通す。

4 ◆ 縁の始末をする

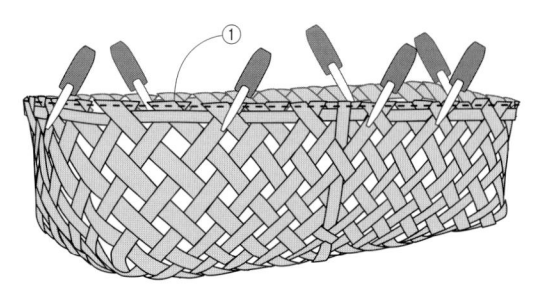

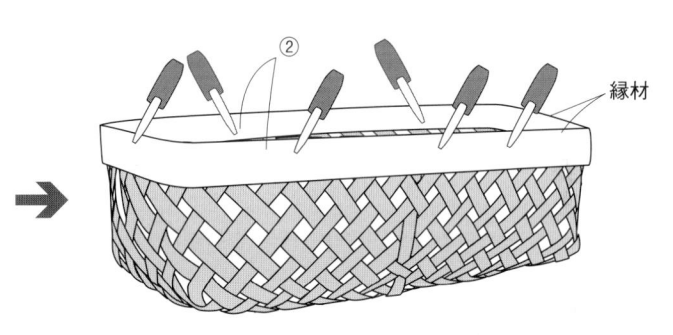

① 縁材

② 縁材

①3-①の補強材の上から出た材を切り揃えてクリップでとめる。

②縁材を表側、内側に当ててクリップでとめる。

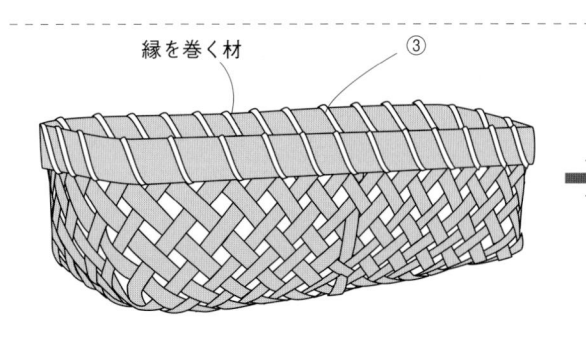

縁を巻く材　③

④　縁を巻く材

③縁を巻く材の端を縁材の間に挟んで巻き始める。
　組み目に入れて縁を巻き1周する。

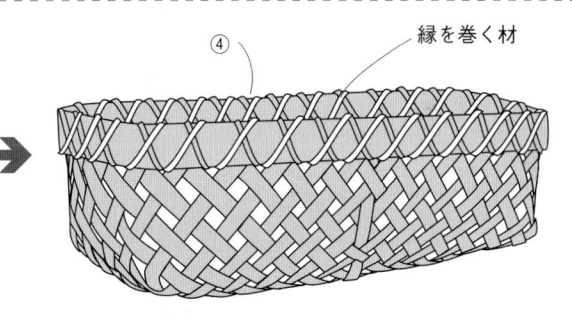

④反対方向へ交差させて1周する。
　縁を巻く材の端を足すときは、巻き始めと同様に端を縁材の間に入れて固定する。
　巻き終えたら材の端は縁材の間に入れて余りを切る。

16 模様編みのバッグ ◆ 18ページ

サイズ／23×10×高さ20cm
技法／織り編み
用量／こげ茶18.47m、赤サンド8.48m、チョコ1.4m
・タテ材　こげ茶6本幅70cm×22本、
　　　　　こげ茶6本幅81cm×10本、
　　　　　こげ茶6本幅38cm×1本、
　　　　　チョコ6本幅70cm×4本
・編み材　赤サンド6本幅6.5m×2本
・縁材　こげ茶12本幅74cm×3本
・縁を巻く材　こげ茶2本幅4.5m×1本
・持ち手　赤サンド12本幅69cm×2本
・持ち手を巻く材　こげ茶2本幅1.14m×2本
準備／タテ材はこげ茶70cm11本、こげ茶81cm5本、チョコ70cm2本から6本幅を取る。編み材は赤サンド6.5mから6本幅を取る。こげ茶4.5mから縁を巻く材2本幅、持ち手を巻く材2本幅1.14mを2本、タテ材6本幅38cm1本を取る。赤サンドから持ち手を12本幅で取る。

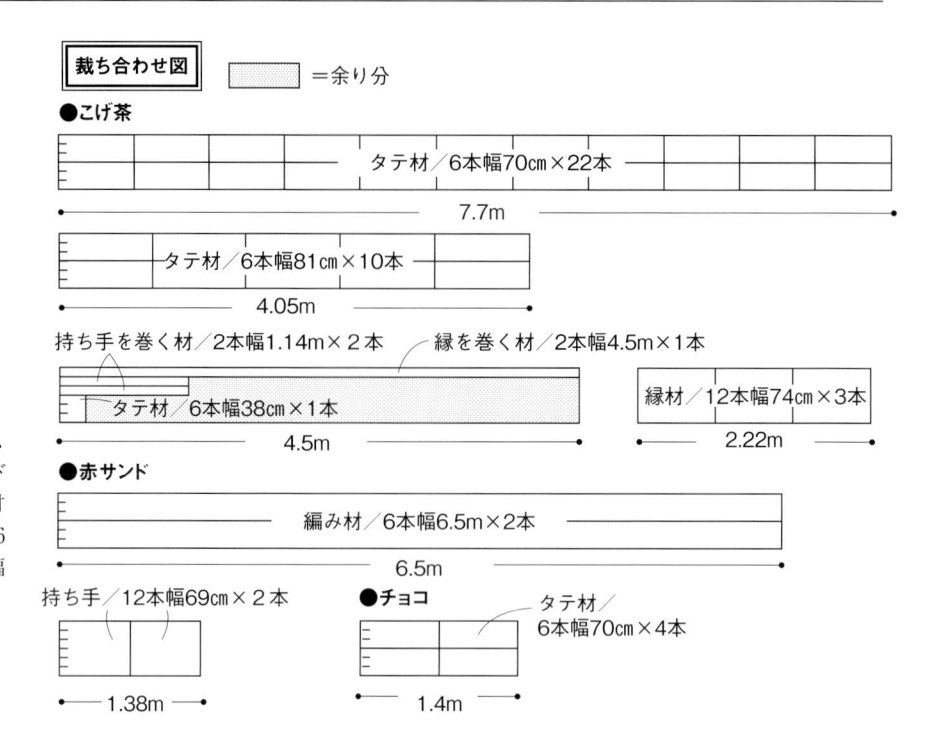

裁ち合わせ図

▒▒ ＝余り分

●こげ茶
- タテ材／6本幅70cm×22本　7.7m
- タテ材／6本幅81cm×10本　4.05m
- 持ち手を巻く材／2本幅1.14m×2本
- タテ材／6本幅38cm×1本
- 縁を巻く材／2本幅4.5m×1本
- 4.5m
- 縁材／12本幅74cm×3本　2.22m

●赤サンド
- 編み材／6本幅6.5m×2本　6.5m
- 持ち手／12本幅69cm×2本　1.38m

●チョコ
- タテ材／6本幅70cm×4本　1.4m

1 ◆ 底を作る

タテ材26本×10本を組む。
26本の色はこげ茶4本を1回、チョコ1本、こげ茶5本とチョコ1本を3回くり返し、こげ茶3本を1回の順で組む。それぞれの中心を合わせる。

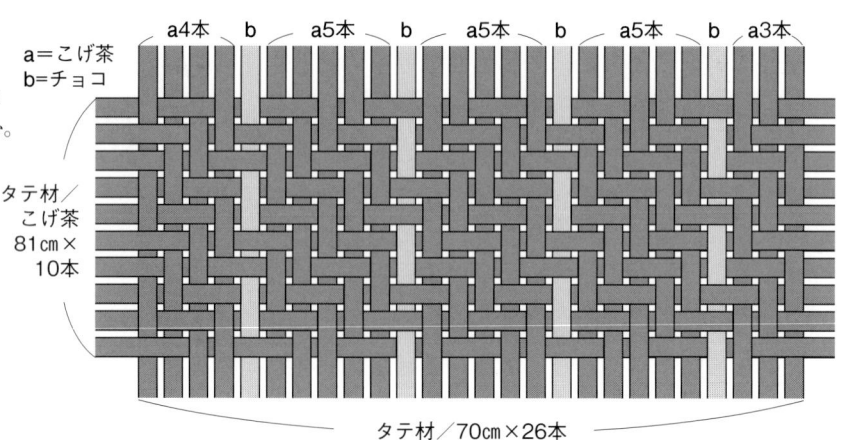

a＝こげ茶　b＝チョコ
a4本 b a5本 b a5本 b a5本 b a3本

タテ材／こげ茶81cm×10本
タテ材／70cm×26本

2 ◆ 立ち上げて側面を編む

①編み材の端を細く切る。タテ材を直角に折って、周りに編み材を入れて編む。
②1周したら右端にタテ材38cmを入れる。

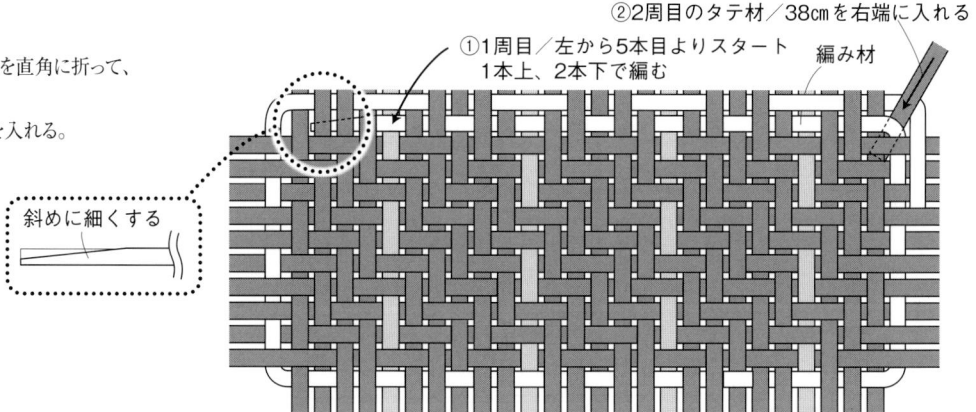

①1周目／左から5本目よりスタート　1本上、2本下で編む
②2周目のタテ材／38cmを右端に入れる
編み材
斜めに細くする

③21段

編み材

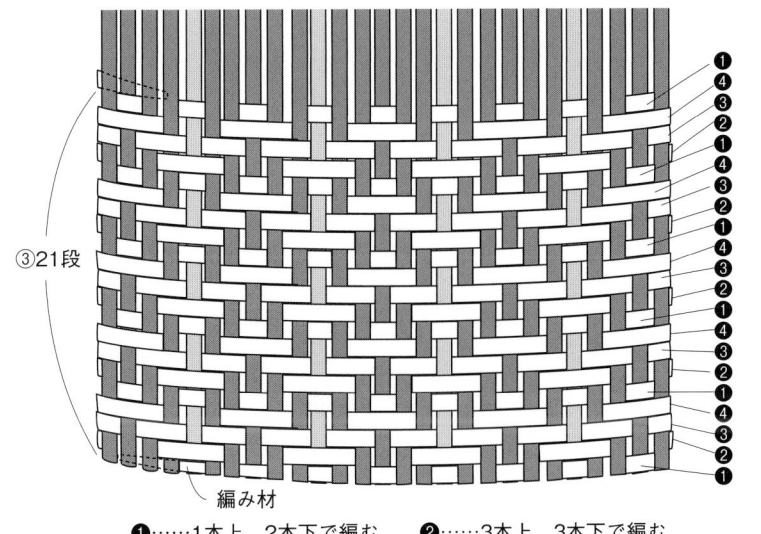

❶……1本上、2本下で編む　　❷……3本上、3本下で編む
❸……2本上、1本下で編む　　❹……3本下、3本上で編む

③図中❶～❹をくり返し、螺旋状に周りを合計21段編む。
編み材を継ぐときは端同士をタテ材6本分ぐらい重ねる。
編み材の終わりも細く切って高さを水平にする。

3 ◆ タテ材を倒す

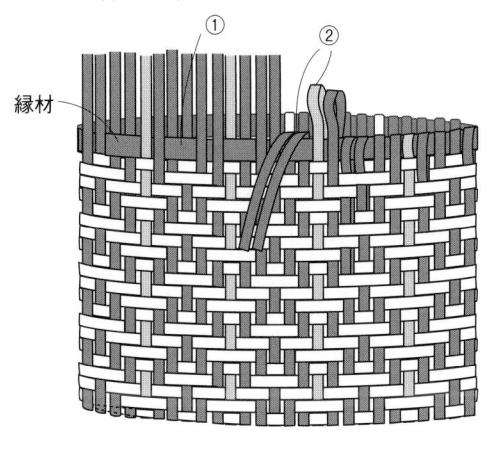

縁材

①縁材を上に入れてタテ材2本ずつで編み、
　1周して端同士を重ねる。
②縁材の内側にあるタテ材を表側に倒して折る。
　そのほかのタテ材は内側に倒して折り、
　下の編み目に通し入れる。

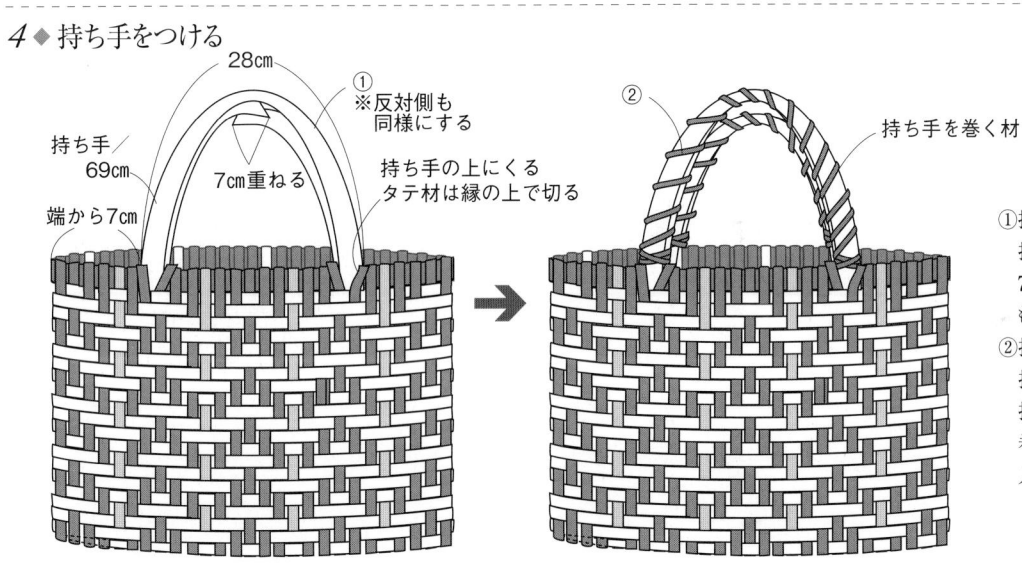

4 ◆ 持ち手をつける

持ち手/69cm
端から7cm
28cm
7cm重ねる
※反対側も同様にする
持ち手の上にくるタテ材は縁の上で切る

持ち手を巻く材

①持ち手の両端を表側の縁に通し、
　持ち手28cmを取り、両端を内側で
　7cm重ねてクリップで固定する。
　もう一方も同様につける。
②持ち手を巻く材の端を
　持ち手の材の間に入れて固定し、
　持ち手を巻く。
　巻き終わりの端は縁材の中に
　入れる。もう一方も同様に巻く。

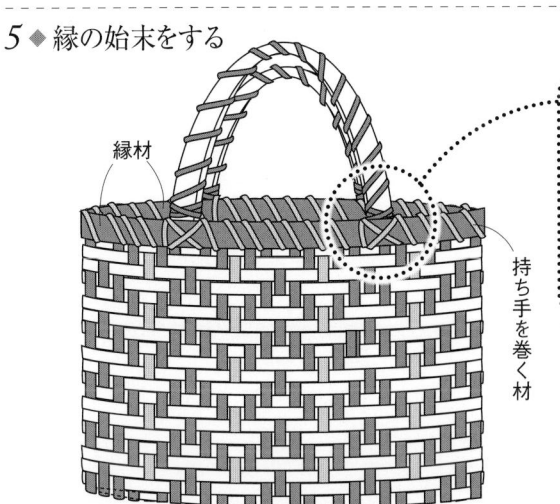

5 ◆ 縁の始末をする

縁材

持ち手を巻く材

☆持ち手のつけ根で巻き材を交差する

縁材を表、内側に当ててクリップで固定する。
縁を巻く材の端を縁材の間に入れて固定し、タテ材2本ごとに縁を巻いて1周するが、
持ち手の下は交差させる。1周したら端を縁の間に入れて余りを切る。

18 | 毬 ◆ 20ページ

サイズ／大直径16㎝、小直径10㎝
技法／組み編み
用量／大…サーモンMB7m、柿渋2.6m　小《単色》…サーモンMB2.5m　小《2色》…柿渋3m、サーモンMB90㎝
- **大の本体**　サーモンMB12本幅70㎝×10本、柿渋4本幅65㎝×10本
準備／柿渋65㎝を4本切って4本幅を10本取る。サーモンMB12本幅を70㎝で10本切る。
- **小《単色》の本体**　サーモンMB6本幅50㎝×10本
準備／50㎝を5本切って、6本幅を10本取る。
- **小《2色》の本体**　柿渋12本幅50㎝×6本、サーモンMB4本幅45㎝×6本
準備／サーモンMB45㎝を2本切り、4本幅×6本取る。柿渋12本幅を50㎝で6本切る。

☆大と小《単色》　※9は大のみ

1
本体／
大…12本幅サーモンMB
小…6本幅サーモンMB

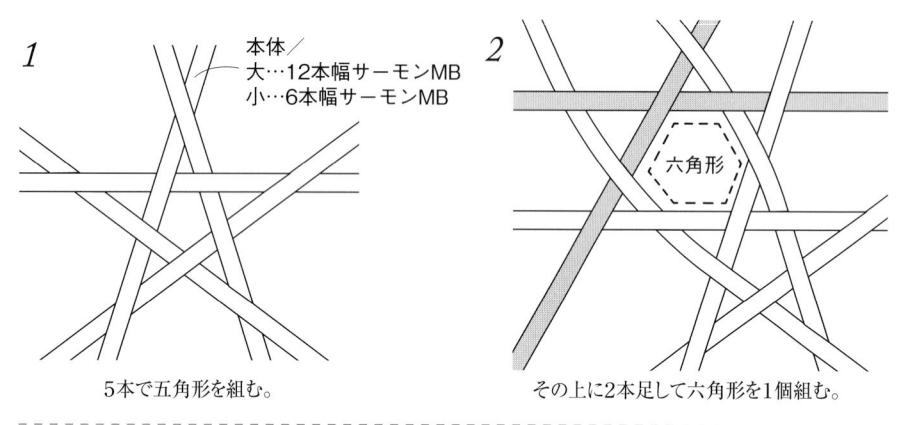

5本で五角形を組む。

2
その上に2本足して六角形を1個組む。

3
同様に1本ずつ、合計3本足して1の五角形の周りに六角形を3個作り、最後は足した端を組んで六角形を1個（合計で5個）組む。常に五角形の周りには六角形が5個できる。

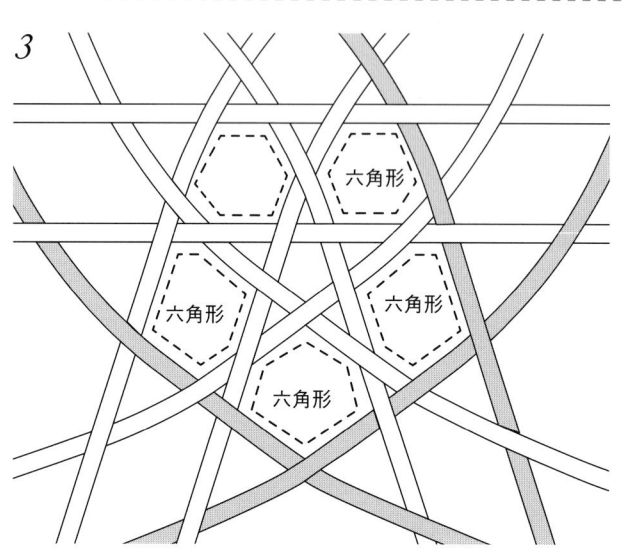

4
周りに五角形を5個組む。

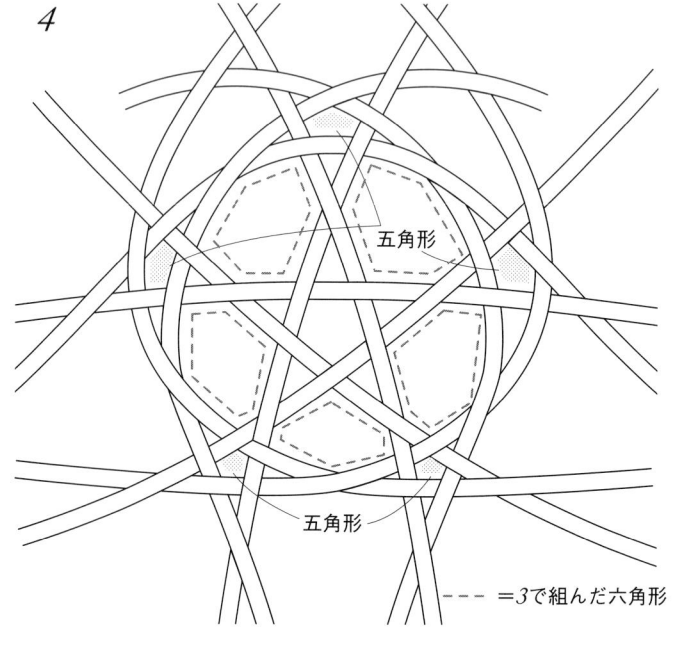

- - - = 3で組んだ六角形

5
4で組んだ五角形の周りに六角形を組む。

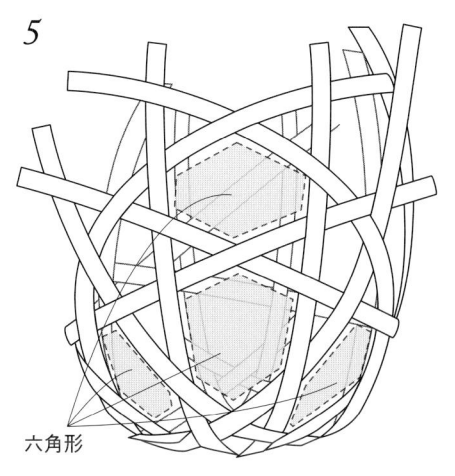

6
2本の材の端同士を重ねながら間に五角形を組む。

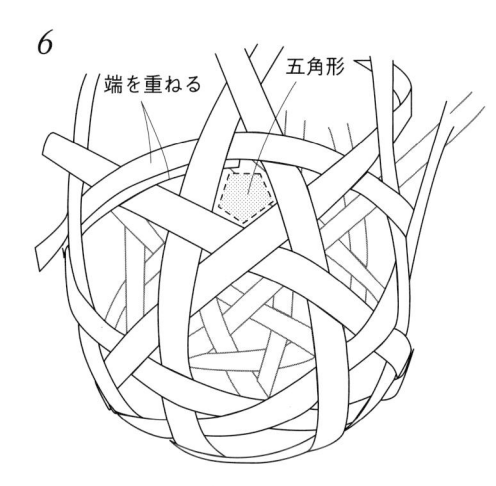

7
2本の材の端同士を重ねて6の五角形の周りに六角形を5個作る。

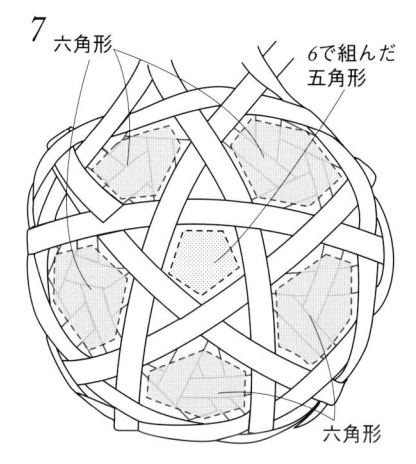

8
最後に残った4本の端同士を重ねて五角形を組んで終わる。

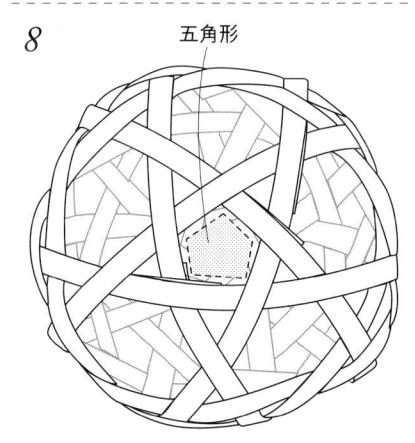

9
大の毬に柿渋の材を重ねる。

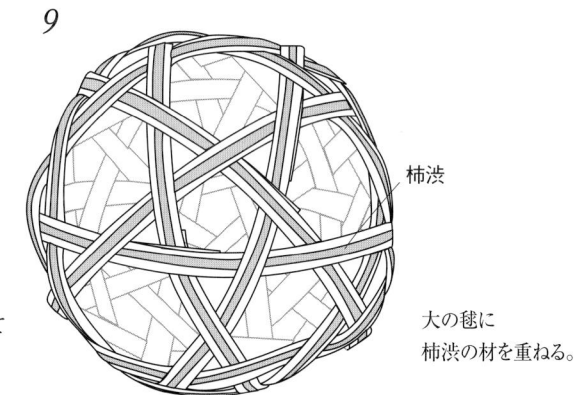

☆小《2色》

1
本体／12本幅柿渋
5本で五角形を組む。

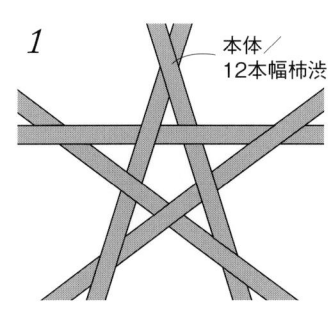

2
五角形
1本足して五角形を1個組む。

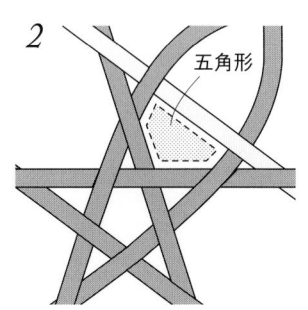

3
足した材の端で五角形を合計5個作り、1周して端を重ねる。

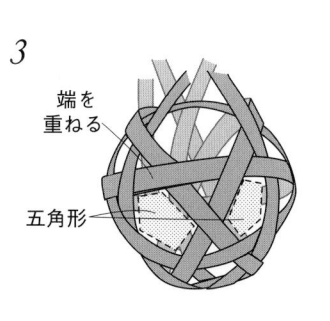

4
2本を重ねて五角形を5個作り1周する。天辺に五角形ができる。

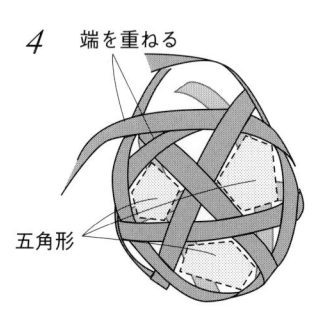

5
サーモンMB
サーモンMBを各材に重ねる。

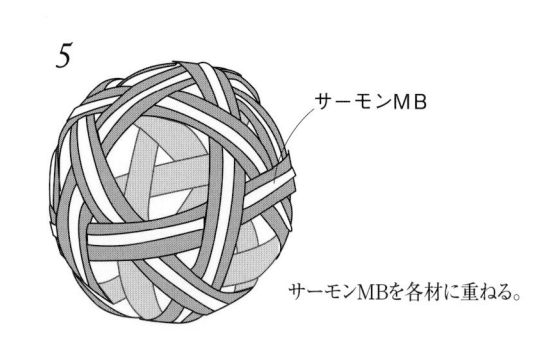

77

19 小毬 ◆ 21ページ

サイズ／直径5.5cm
技法／組み編み
用量／サーモンMB、黒コーヒーMB、黄色、白、赤、パステルクリーム、水色×白、抹茶×白、水色、薄ピンク×白各4m（1個分）
- **本体** 7本幅40cm×10本
準備／40cmを10本切って7本幅に割く。

※クリップでとめながら組む。
　最初は10本とも違う色で組むと分かりやすい。

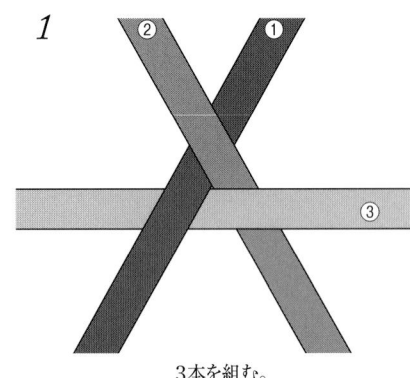

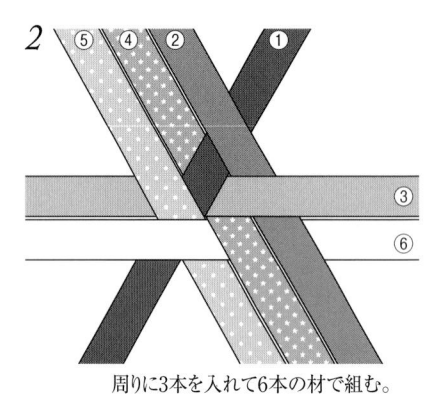

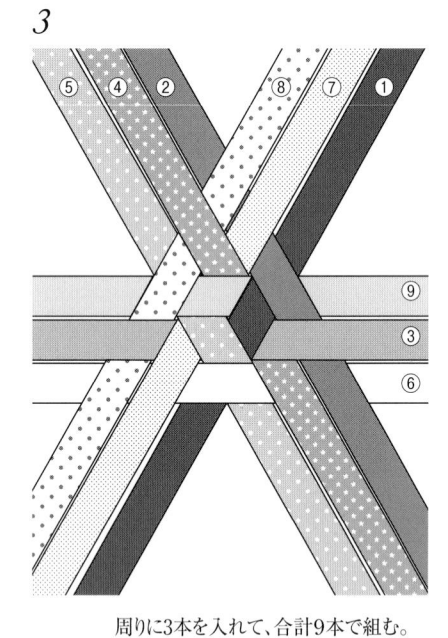

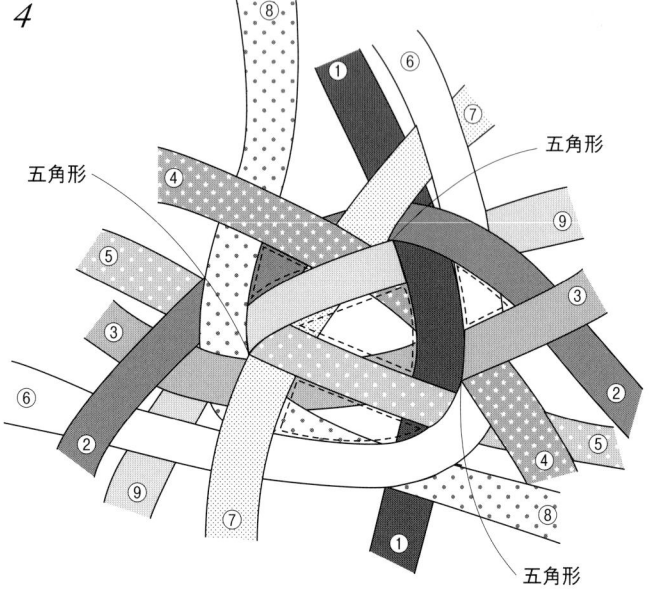

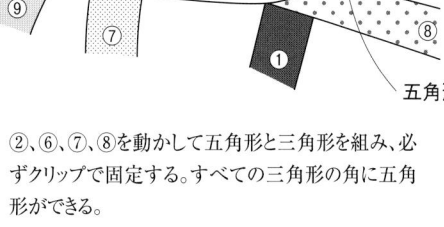

1
3本を組む。

2
周りに3本を入れて6本の材で組む。

3
周りに3本を入れて、合計9本で組む。

4
五角形

②、⑥、⑦、⑧を動かして五角形と三角形を組み、必ずクリップで固定する。すべての三角形の角に五角形ができる。

78

5 ⑩を入れて3本上下をくり返して、途中五角形、三角形を組みながら1周して端を重ねる。

⑩巻き始め

6

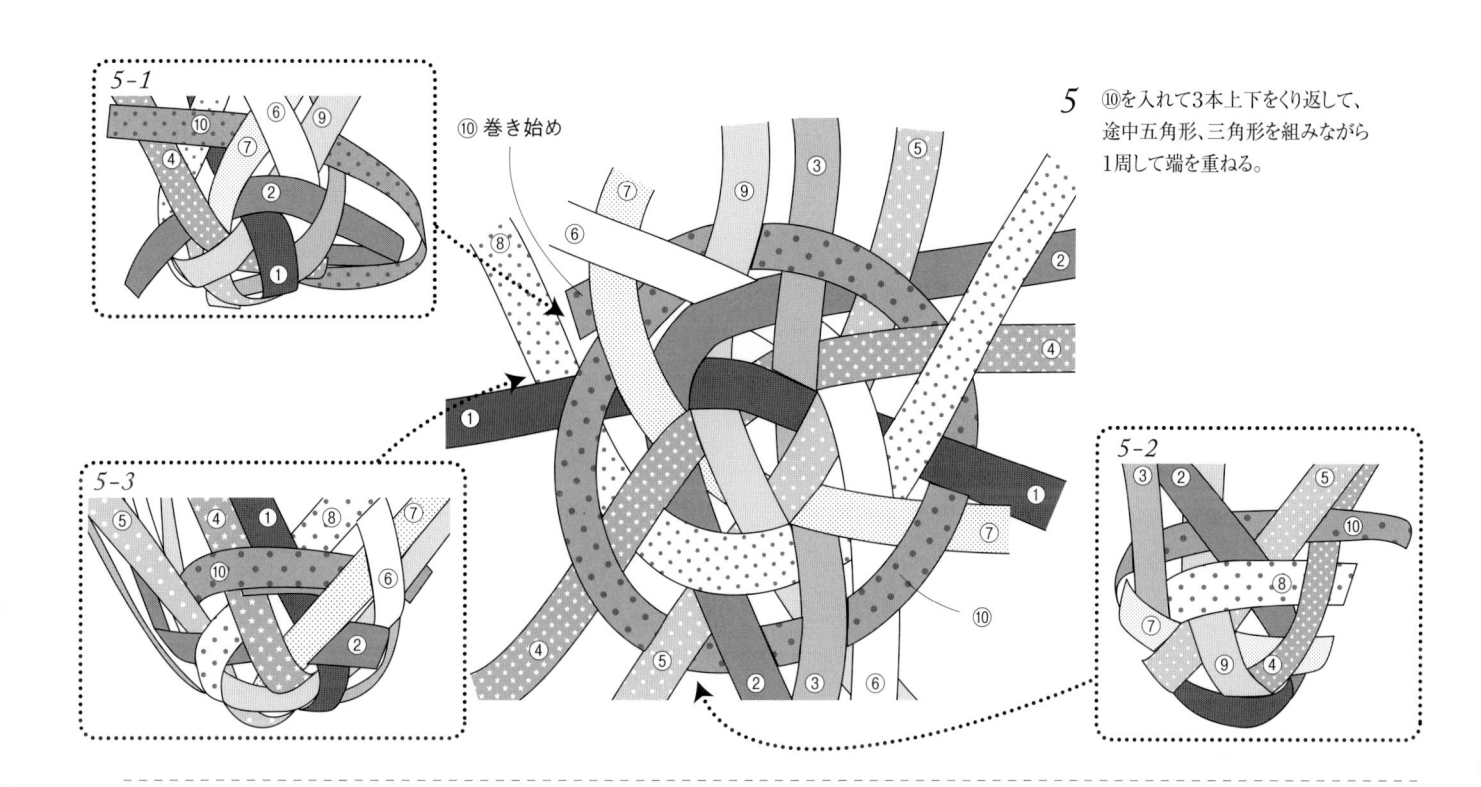

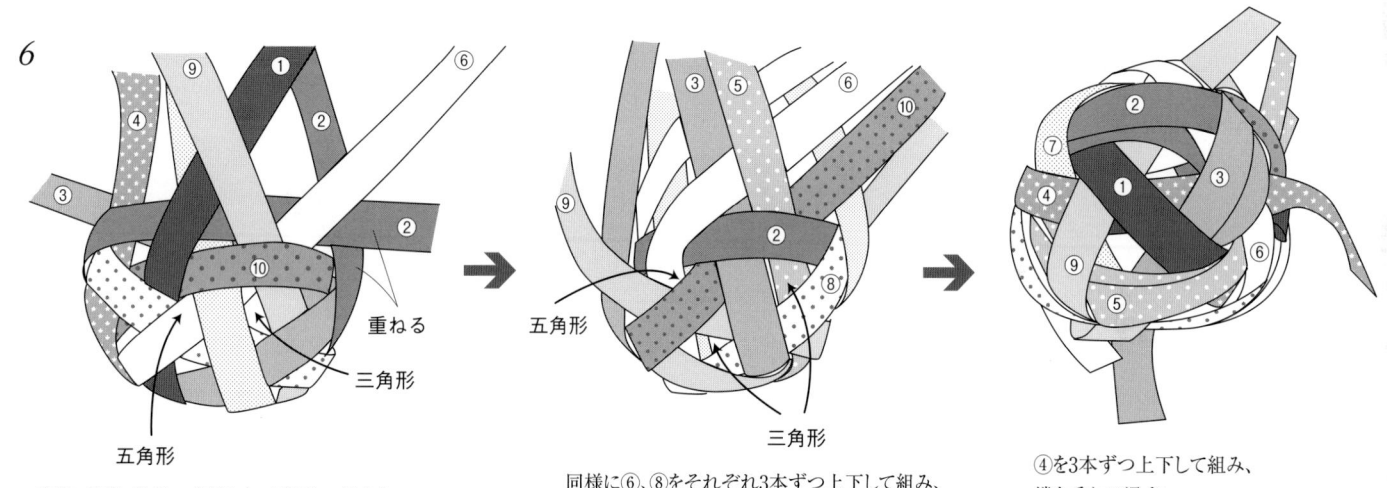

五角形
三角形
重ねる

③②、⑥⑦、④⑧の交差した三角形の頂点をクリップで固定する。
⑩の上に②⑥、⑥⑧、②⑧をそれぞれ交差してクリップで固定する。
⑩の上に①⑨、①⑤、④⑨でそれぞれ三角形を組みクリップで固定する。
②を3本ずつ上下して同じ材の端同士を重ねて端を組み目に通し入れる。

五角形
三角形

同様に⑥、⑧をそれぞれ3本ずつ上下して組み、端同士を重ねて通す。

④を3本ずつ上下して組み、端を重ねて通す。

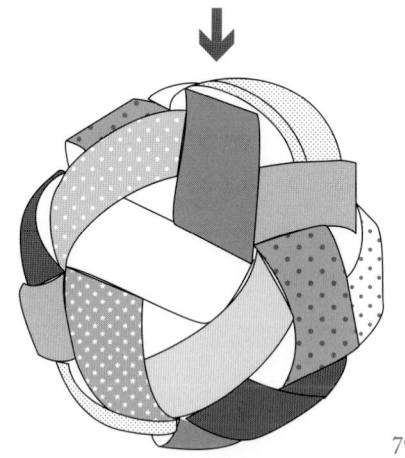

残りの材①③⑤⑦が3本ずつ上下しているかを確認し、端を通し入れる。

79

20 持ち手つきの横長かご ◆ 22ページ

サイズ／26×14×高さ14cm
技法／組み編み
用量／チョコ28.8m、パステルクリーム9.435m
- **本体**　チョコ12本幅80cm×36本
- **縁材**　パステルクリーム12本幅90cm×3本
- **縁を巻く材**　パステルクリーム2本幅2.5m×1本
- **持ち手**　パステルクリーム12本幅98cm×1本、パステルクリーム12本幅75.5cm×1本
- **持ち手を巻く材**　パステルクリーム2本幅5m×1本

道具／接着剤
準備／チョコで本体12本幅80cmを36本切る。パステルクリームから縁材、持ち手を12本幅でそれぞれ切る。パステルクリームを5mに切り、持ち手を巻く材2本幅を1本、縁を巻く材2本幅2.5mを2本取る。

1 ◆ 底を組む

◆＝交差して角を組む位置

本体を18本×18本で組み、
それぞれの材の中心を点線に合わせる。

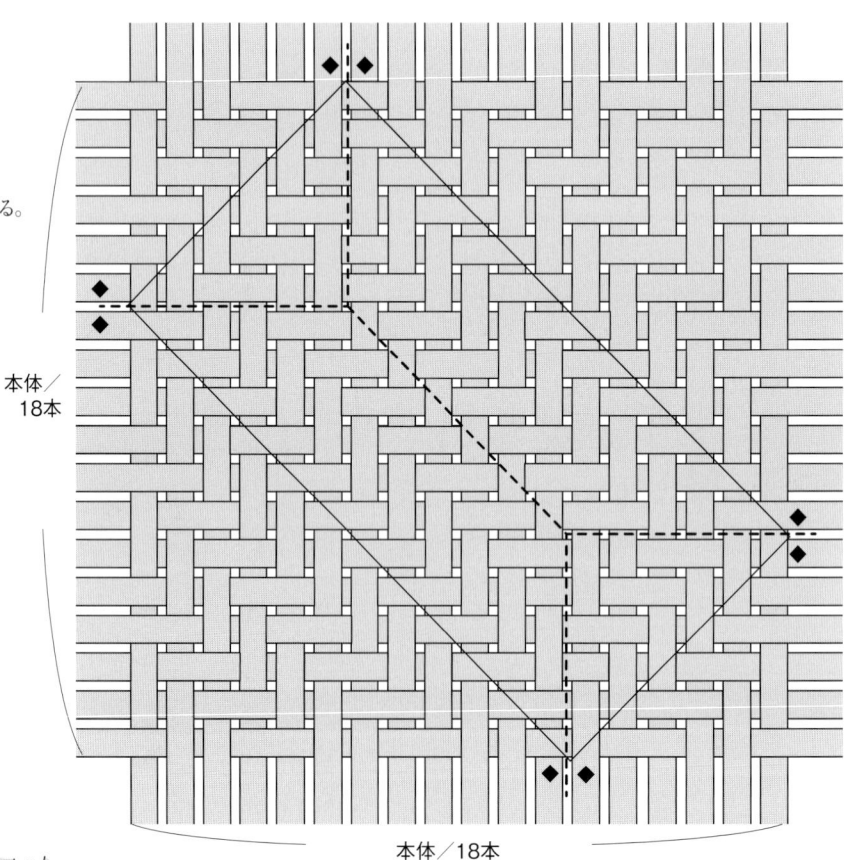

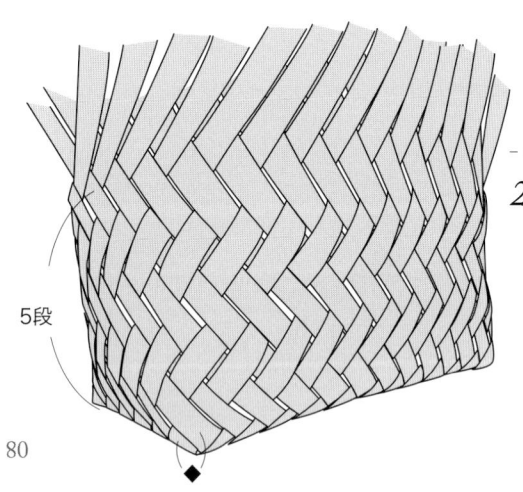

本体／18本

本体／18本

2 ◆ 立ち上げて側面を組む

1の◆の材同士を交差して角を組む。
全部で4カ所組んで立ち上げ、側面を5段組む。

5段

3 ◆ 縁の始末をする

5段目

縁材

①縁材1本を5段目の中に
　横に通して1周し、両端を重ねる。

口径84cm

②縁材
③材の端を組み目に通す

②縁材の表側にある材を縁材の上に合わせて切り、接着剤で材に貼る。
③内側にある残った材を縁材に掛けて表側に折り、端を組み目に通し入れる。

④口径が84cm程度になるように、編み入れた縁材の端を引いて調整する。

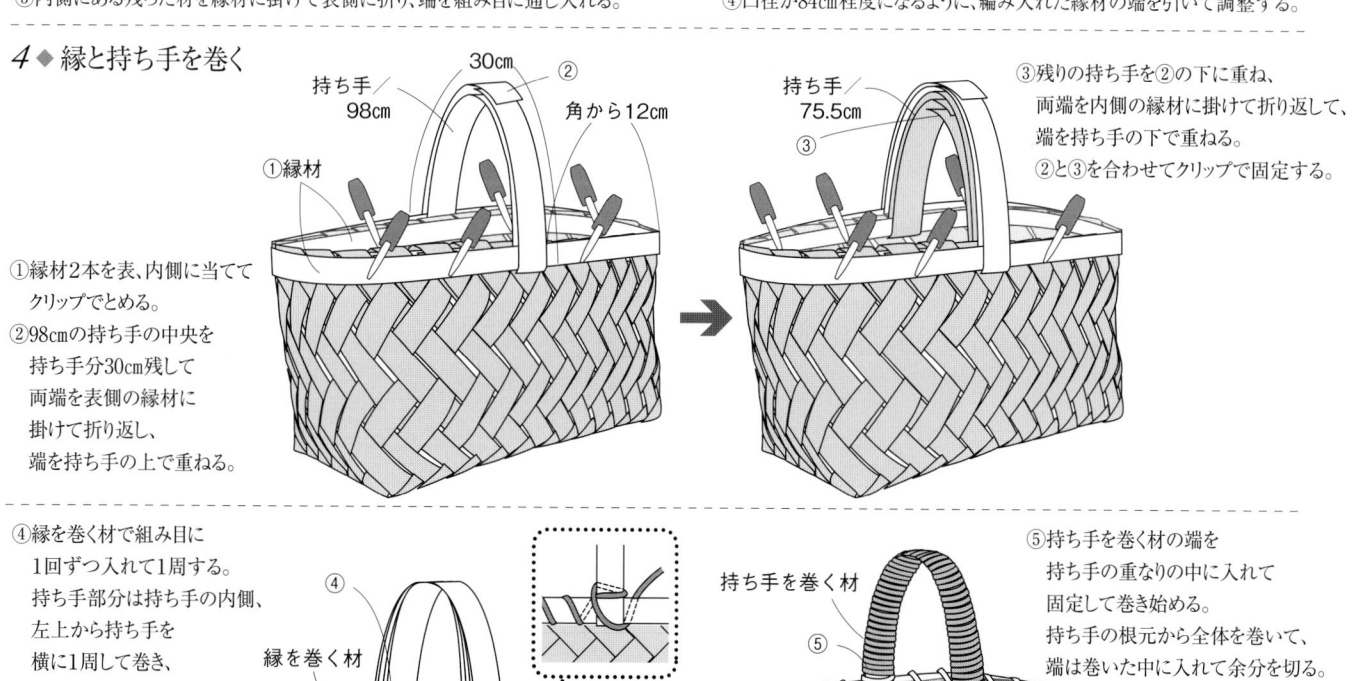

4 ◆ 縁と持ち手を巻く

持ち手98cm　②　角から12cm
①縁材

①縁材2本を表、内側に当てて
　クリップでとめる。
②98cmの持ち手の中央を
　持ち手分30cm残して
　両端を表側の縁材に
　掛けて折り返し、
　端を持ち手の上で重ねる。

持ち手75.5cm　③

③残りの持ち手を②の下に重ね、
　両端を内側の縁材に掛けて折り返して、
　端を持ち手の下で重ねる。
②と③を合わせてクリップで固定する。

④縁を巻く材で組み目に
　1回ずつ入れて1周する。
　持ち手部分は持ち手の内側、
　左上から持ち手を
　横に1周して巻き、
　持ち手左上から斜めに
　右下の組み目に通す。

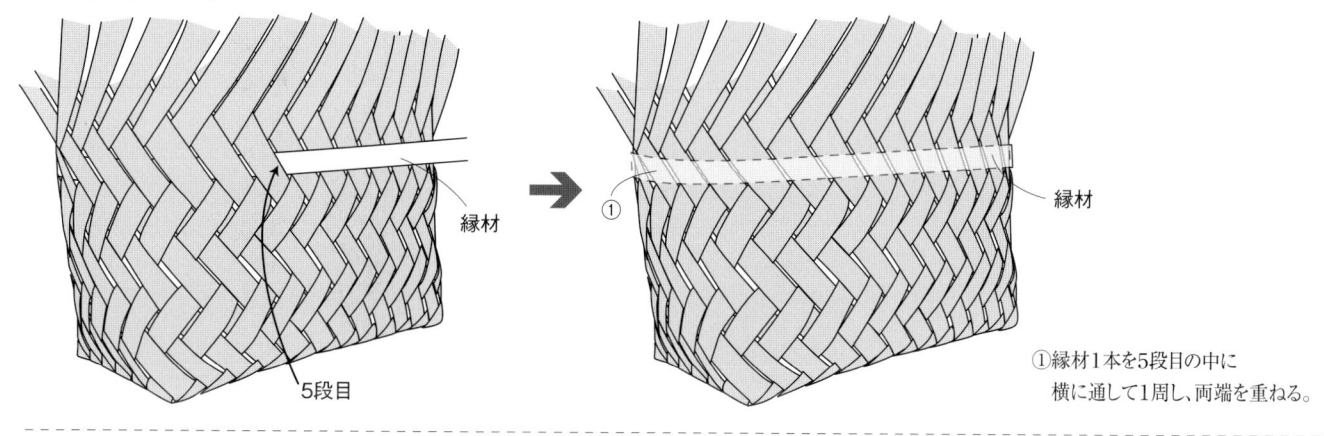

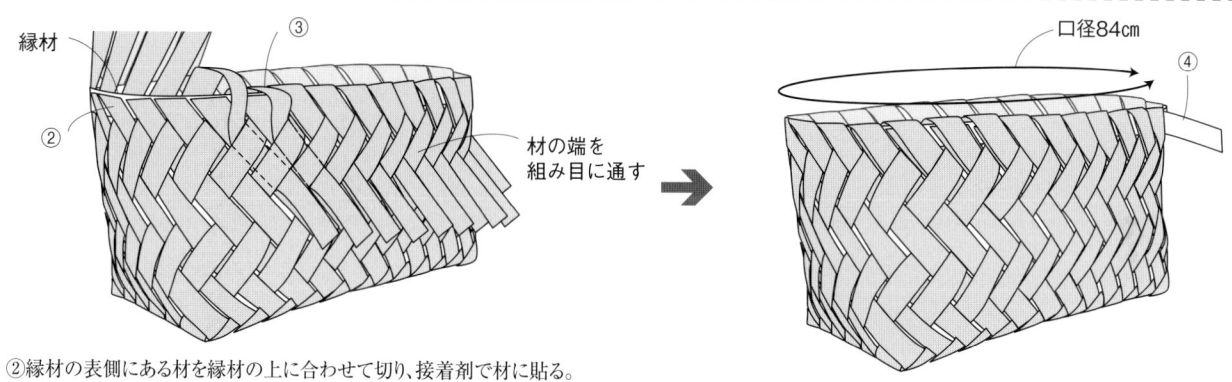

④
縁を巻く材

持ち手を巻く材
⑤

⑤持ち手を巻く材の端を
　持ち手の重なりの中に入れて
　固定して巻き始める。
　持ち手の根元から全体を巻いて、
　端は巻いた中に入れて余分を切る。

21 | 四角のかご ◆ 23ページ

サイズ／12.5×12.5×高さ8.5cm
技法／組み編み
用量／パステルクリーム11.56m
・本体　12本幅50cm×16本
・縁材　12本幅58cm×2本
・縁を巻く材　1本幅2.4m×1本

1 ◆ 底を組む

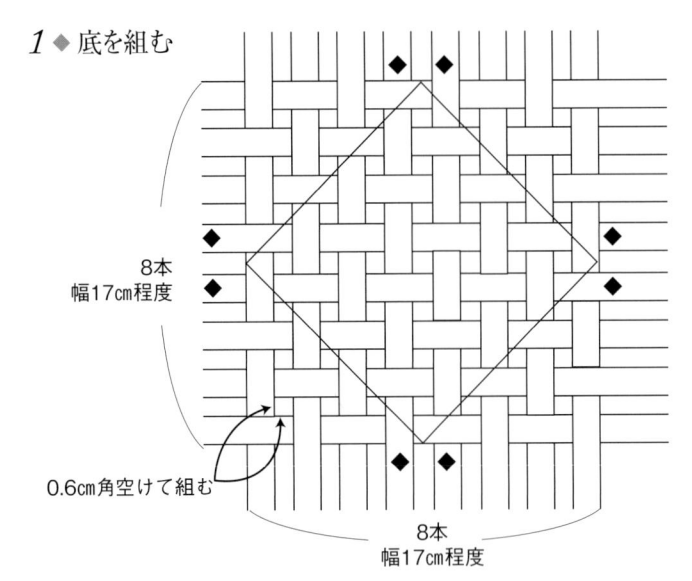

8本
幅17cm程度

0.6cm角空けて組む

8本
幅17cm程度

本体8本×8本の間を0.6cm角程度
空けて組む。
全体を17cm角程度に調整して
材の中心を合わせる。

2 ◆ 立ち上げて側面を組む

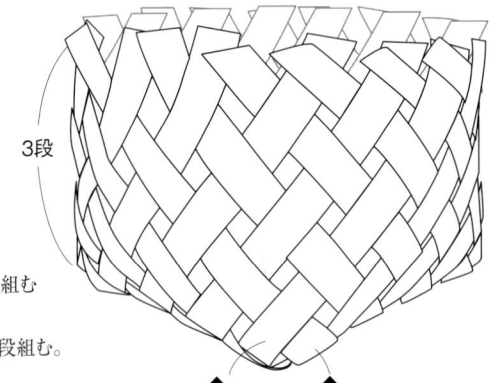

3段

1の図中、◆印の材同士を交差して角を組む
48ページ、プロセス5を参照。
全部で4カ所組んで立ち上げ、側面を3段組む。

3 ◆ 縁の始末をする

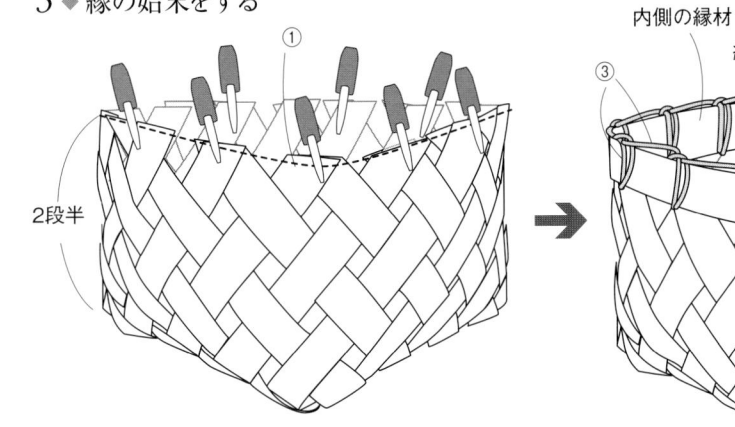

2段半

内側の縁材
縁を巻く材　②
③
表側の縁材

①底から2段半のところに印をつけて材の端を切り揃え、
　解けないようにクリップでとめる。

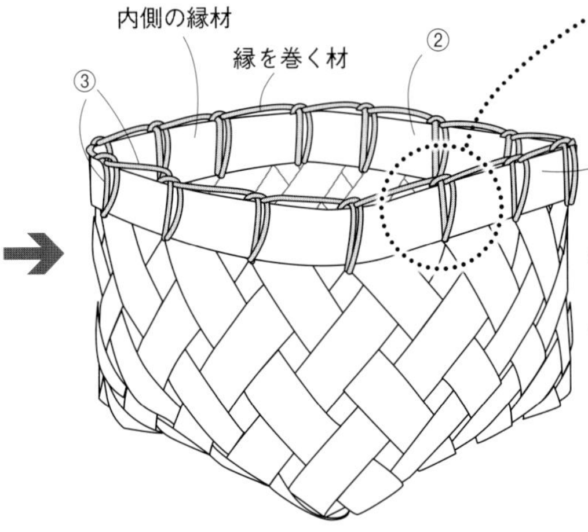

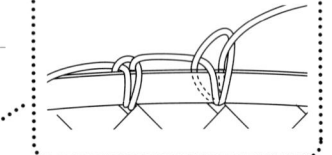

②縁材を外側、内側に当てて
　クリップでとめる。
③縁を巻く材の端を
　縁材の間に挟んで巻き始める。
　図のように組み目の間に
　2回巻き入れて1周する。
　巻き材の端を足す時は、
　スタートと同様に
　端を縁材の間に入れて固定する。
　1周したら、端を縁材の間に入れて
　余りを切る。

24 模様編みの四角かご ◆ 25 ページ

サイズ／18×18×高さ11.5cm
技法／織り編み
用量／レンガサンド18.4m
- **タテ材** 12本幅60cm×20本
- **編み材** 12本幅80cm×6本
- **縁材** 12本幅80cm×2本

1 ◆ 底を作る

タテ材10本×10本を組む。
材の中心を合わせる。

タテ材／10本
タテ材／10本

2 ◆ 立ち上げて側面を編む

編み材をタテ材の間に入れて
1本ずつ上下して1周する。
端同士を重ねる。
同様に合計6段編む。

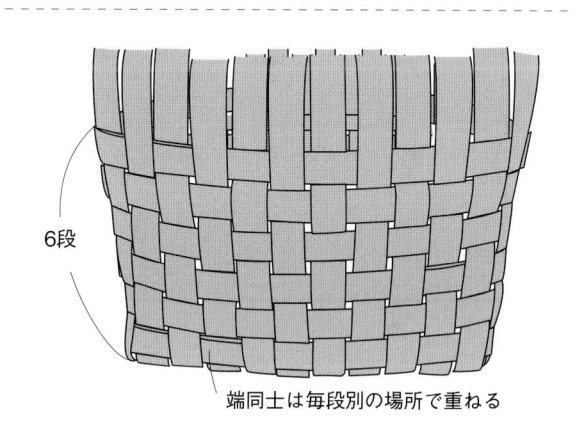

6段
端同士は毎段別の場所で重ねる

3 ◆ 縁の始末をする

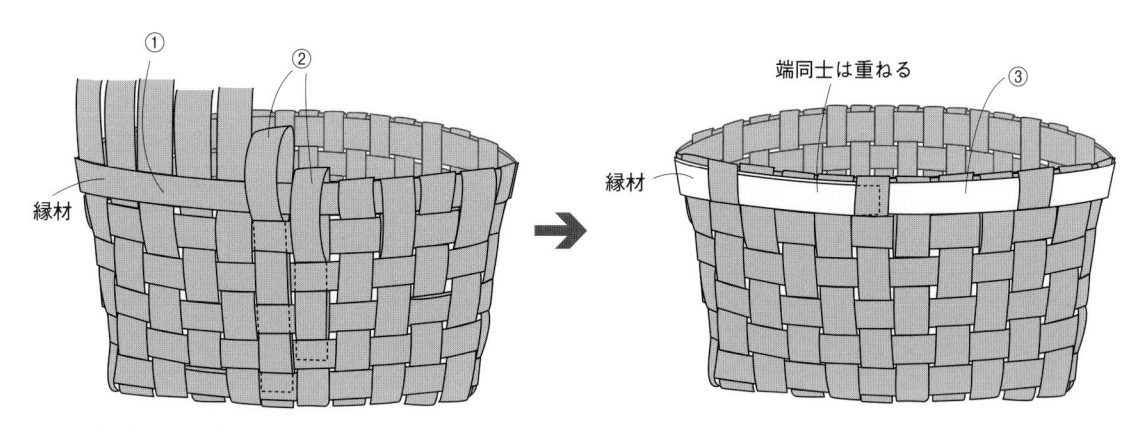

① ② 縁材
端同士は重ねる ③ 縁材

① 縁材1本を最終段の外側に重ねて、クリップでとめる。
② 全部のタテ材を縁材に掛けて外側に折り返し、
　端を表側の編み目に通し入れる。
③ 縁材1本を3本おきのタテ材に通して1周し、端を重ねる。

22 | みだれ編みの小かご ◆ 24ページ

サイズ／直径8×高さ9cm
技法／みだれ編み
用量／茶5m
・本体　4本幅5m×1本、2本幅5m×1本
・持ち手　2本幅1.07m×1本
道具／新聞紙1枚
準備／5mから4本幅、2本幅の本体各1本、持ち手2本幅1.07m1本を取る。

裁ち合わせ図 ▨ ＝余り分

本体／4本幅5m×1本　　本体／2本幅5m×1本
持ち手／2本幅1.07m×1本
5m

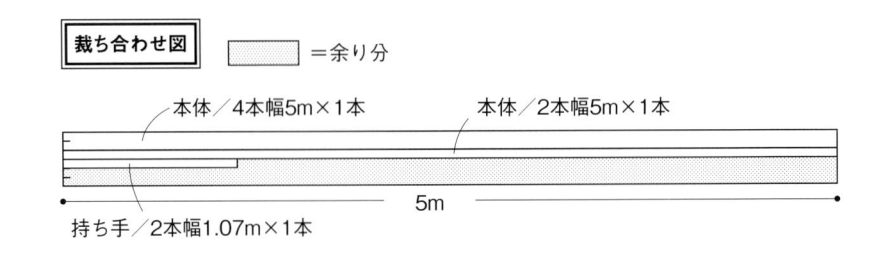

1 ◆ 型を作る

新聞紙
15cm

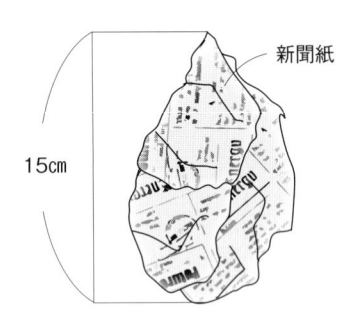

新聞紙（見開き1枚）を丸めて15cmぐらいの長さの型を作る。

2 ◆ 材で編む

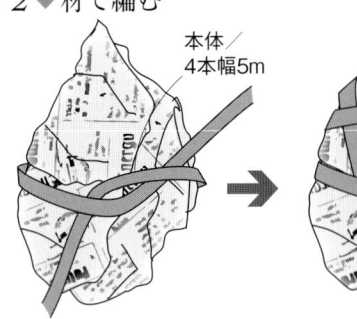

本体／4本幅5m

①4本幅の材の中心に型を置き、両端で結んで固定する。

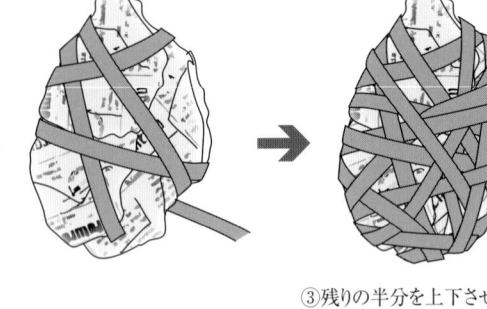

②片方の端で型の周りを巻く。端は、巻いたところに入れてとめる。

③残りの半分を上下させて縫うように通して全体をまとめ、大きな穴を埋めていく。端まで編んだら編み目の中に端を通し入れる。

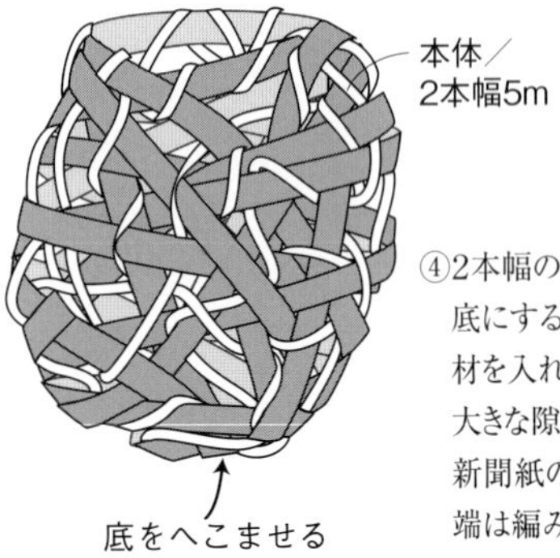

本体／2本幅5m

底をへこませる

④2本幅の材を同様に縫うように通す。底にするところを少し押してへこませ、材を入れて固定する。大きな隙間がなくなったら、編みやすいように新聞紙の型を外して端まで編む。端は編み目に入れて終わる。

3 ◆ 持ち手をつける

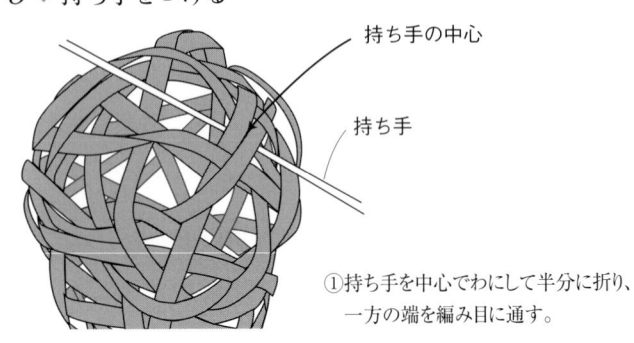

持ち手の中心
持ち手

①持ち手を中心でわにして半分に折り、一方の端を編み目に通す。

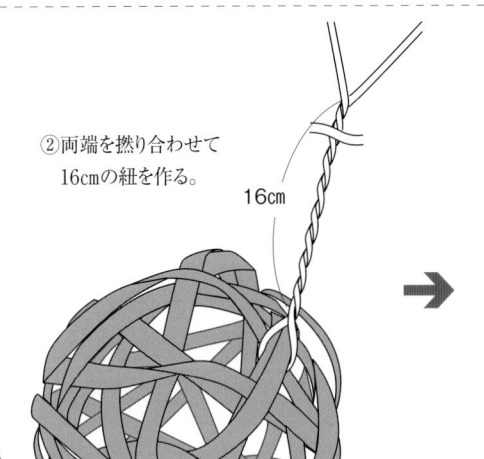

②両端を撚り合わせて16cmの紐を作る。
16cm

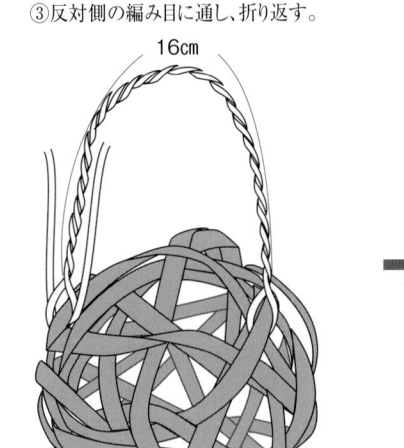

③反対側の編み目に通し、折り返す。
16cm

④持ち手を交差して戻り、再び編み目の中に端を入れて始末する。

23 丸縁の小かご ◆ 24ページ

サイズ／直径9.5×高さ8cm
技法／組み編み
用量／柿渋5.2m
・**本体**　6本幅65cm×16本
準備／65cmを8本切り、6本幅×16本を取る。

1 ◆ 底を組む

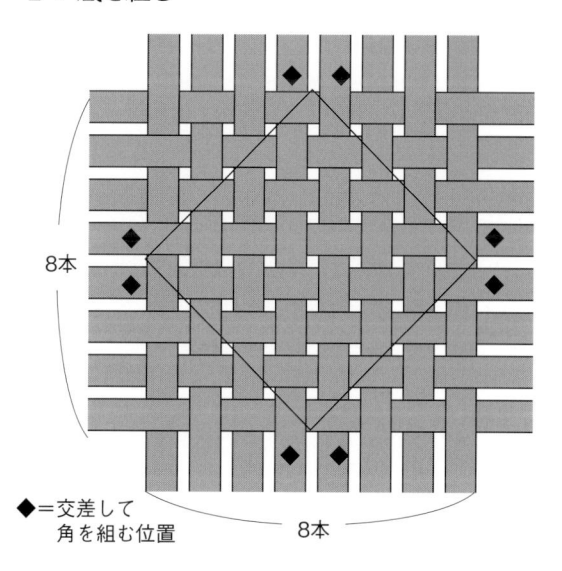

◆＝交差して角を組む位置

8本×8本を組み、材の中心を合わせる。

2 ◆ 立ち上げて側面を組む

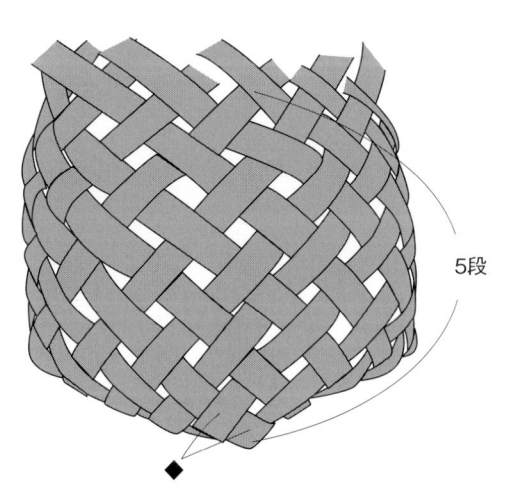

5段

1の◆印の材同士を交差して角を組む。
全部で4カ所組んで立ち上げ、
材を1本ずつ上下して5段組む。

3 ◆ 縁を始末する

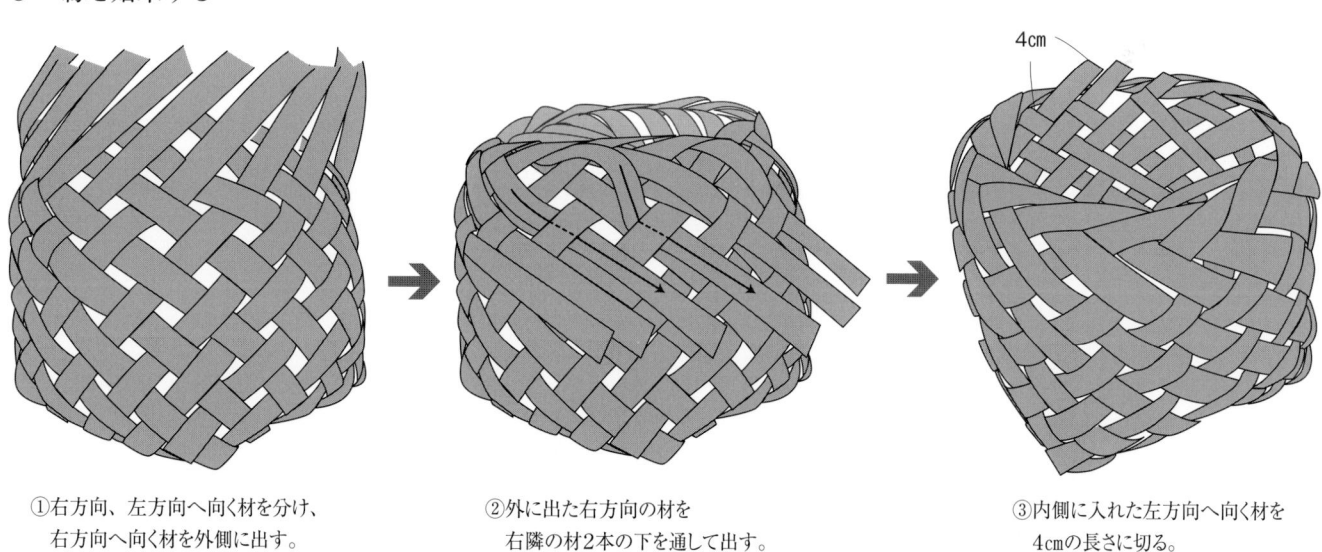

①右方向、左方向へ向く材を分け、
　右方向へ向く材を外側に出す。

②外に出た右方向の材を
　右隣の材2本の下を通して出す。
　これをくり返し、左周りに進んで1周する。
　1周したら端を引き、口径を縮めて丸くし
　組み目に通し入れる。

③内側に入れた左方向へ向く材を
　4cmの長さに切る。

25 脚つきの茶碗かご ◆ 26ページ

サイズ／直径23×高さ16.5cm
技法／六つ目編み
用量／クラフト17.04m

- **本体** 6本幅60cm×18本、6本幅77cm×3本、6本幅25cm×36本
- **本体の縁材** 9本幅77cm×3本
- **本体の縁を巻く材** 2本幅3m×1本
- **台の編み材** 6本幅75cm×1本
- **台の縁材** 9本幅80cm×3本
- **台の縁を巻く材** 2本幅3.2m×1本

準備／60cmを8本、25cmを18本切って本体の6本幅を取る。77cmを2本切り、6本幅を3本取り、残りから台の編み材6本幅75cmを取る。3.2mから台の縁を巻く材2本幅を1本、縁材9本幅77cmを3本取り、残りから本体6本幅60cmを1本取る。3mを切って本体の縁を巻く材2本幅1本と台の縁材9本幅80cmを3本取り、残りから本体6本幅60cmを1本取る。

裁ち合わせ図　▨＝あまり分

- 本体／6本幅60cm×16本　4.8m
- 本体／6本幅25cm×36本　4.5m
- 本体／6本幅77cm×3本　1.54m
- 台の編み材／6本幅75cm×1本
- 本体の縁材／9本幅77cm×3本／台の縁を巻く材／2本幅3.2m×1本／本体／6本幅60cm×1本　3.2m
- 本体の縁を巻く材／2本幅3m×1本／台の縁材／9本幅80cm×3本／本体／6本幅60cm×1本　3m

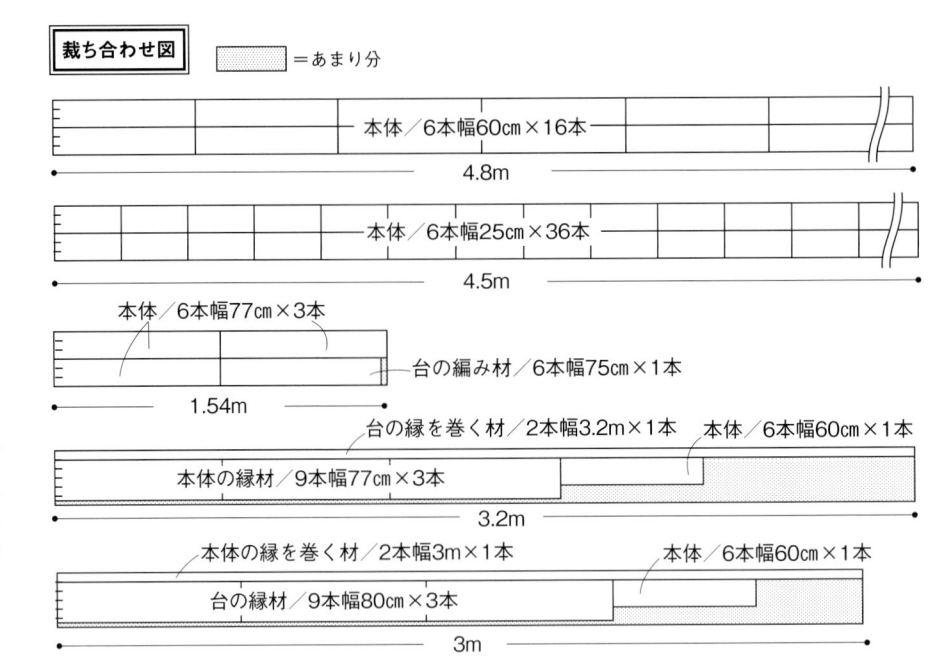

1 ◆ 底を組む

60cmの本体6本×6本×6本を3方向に組み、直径18cm程度の大きさに調整し中心を合わせる。
六つ目の編み方は36・37ページ、プロセス1〜12を参照。

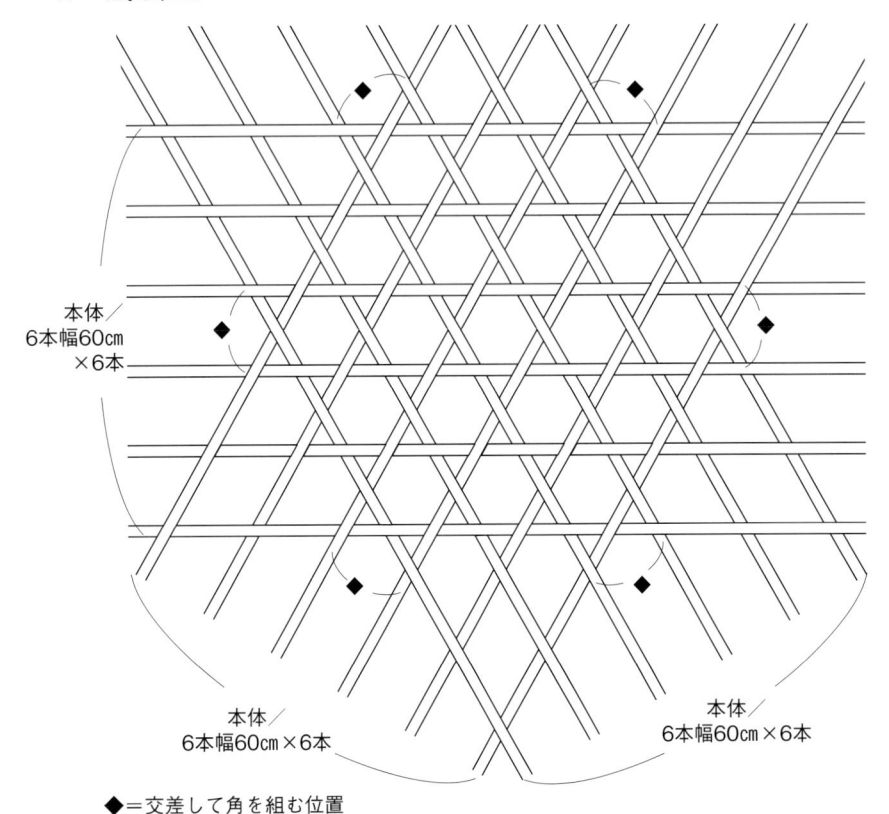

本体／6本幅60cm×6本

◆＝交差して角を組む位置

2 ◆ 立ち上げて側面を組む

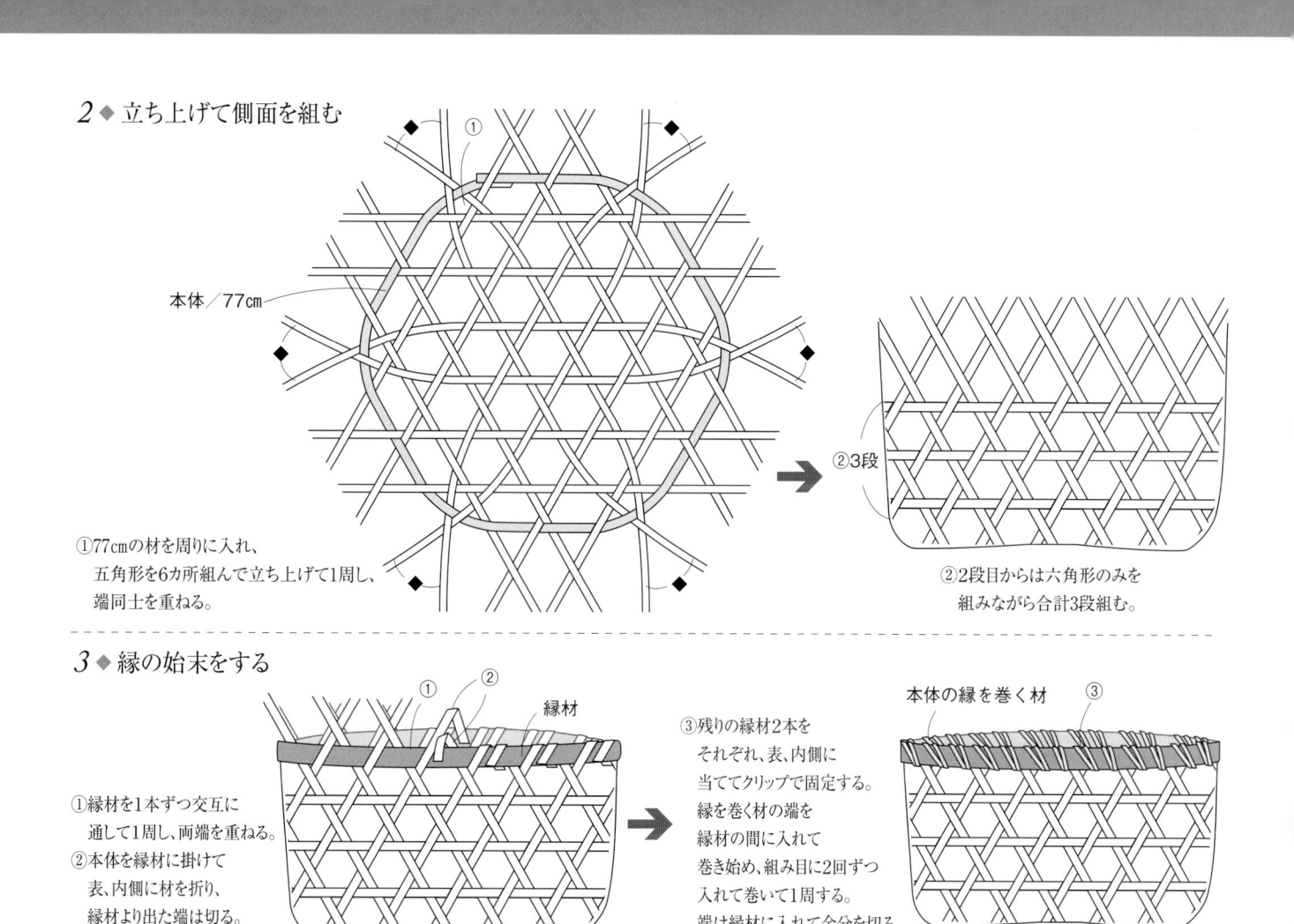

本体／77cm

①77cmの材を周りに入れ、五角形を6カ所組んで立ち上げて1周し、端同士を重ねる。

②3段

②2段目からは六角形のみを組みながら合計3段組む。

---

3 ◆ 縁の始末をする

縁材

①縁材を1本ずつ交互に通して1周し、両端を重ねる。
②本体を縁材に掛けて表、内側に材を折り、縁材より出た端は切る。

本体の縁を巻く材 ③

③残りの縁材2本をそれぞれ、表、内側に当ててクリップで固定する。縁を巻く材の端を縁材の間に入れて巻き始め、組み目に2回ずつ入れて巻いて1周する。端は縁材に入れて余分を切る。

---

4 ◆ 材を入れて台を作る

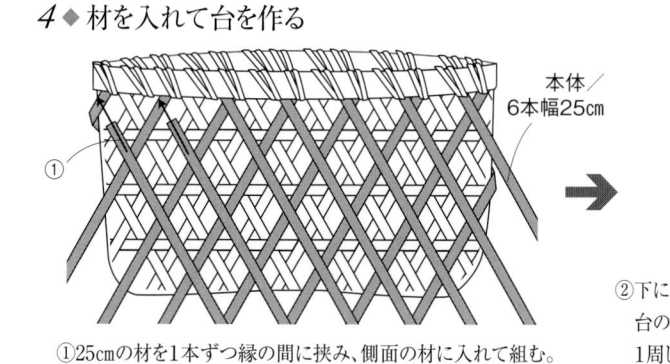

本体／6本幅25cm

①25cmの材を1本ずつ縁の間に挟み、側面の材に入れて組む。

②下に出た材の周りに75cmの台の編み材を入れて組み、1周して端同士を重ねる。

台の編み材／6本幅75cm

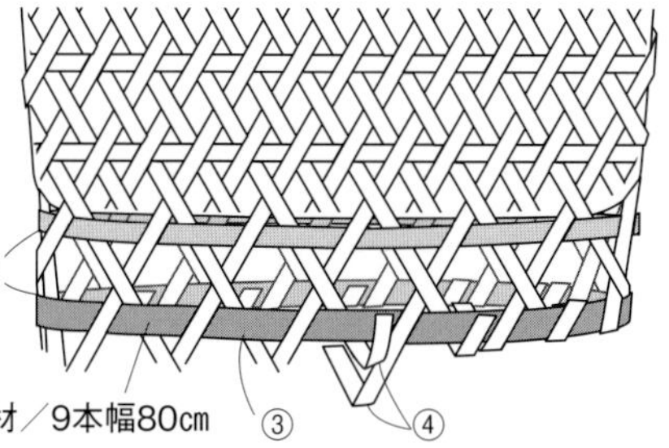

2cm

台の縁材／9本幅80cm ③ ④

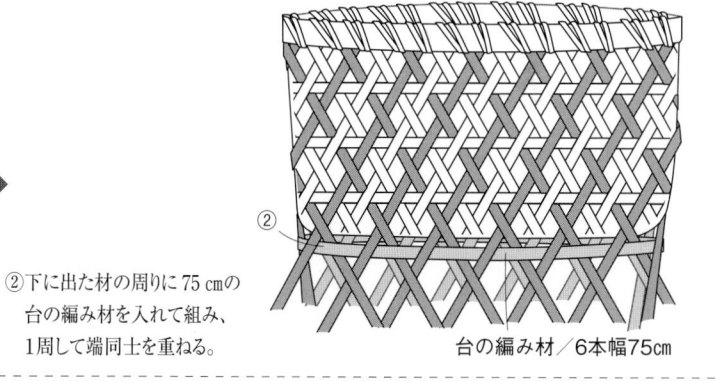

③台の縁材を②の下2cmのところで組む。1周して端同士を重ねる。
④縁材に掛けて表、内側に材を折り、縁材より出た端は切る。

⑤残りの縁材2本をそれぞれ、表、内側に当ててクリップで固定する。
⑥台の縁を巻く材の端を縁材の間に入れて巻き始め、組み目に4回ずつ巻き入れて1周する。端は縁材に入れて余分を切る。

台の縁材／9本幅0.8m ⑤ ⑥ 台の縁を巻く材／2本幅3.2m

87

26 | 四角形のざる ◆ 27ページ

サイズ／24×24×高さ6cm
技法／織り編み
用量／パステルクリーム13.9m
・タテ材　6本幅40cm×32本
・編み材　3本幅9.35m×1本
・縁材　12本幅85cm×3本
・縁を巻く材　2本幅4.05m×1本
準備／40cmを5本切り、タテ材6本幅を10本取る。9.35mから編み材3本幅を取り、残りから縁を巻く材2本幅4.05m1本とタテ材6本幅の残り22本を取る。縁材85cmを3本切る。

裁ち合わせ図　■＝余り分

タテ材／6本幅40cm×10本　2m
縁材／12本幅85cm×3本　2.55m

編み材／3本幅9.35m×1本　縁を巻く材／2本幅4.05m×1本　タテ材／6本幅40cm×22本
9.35m

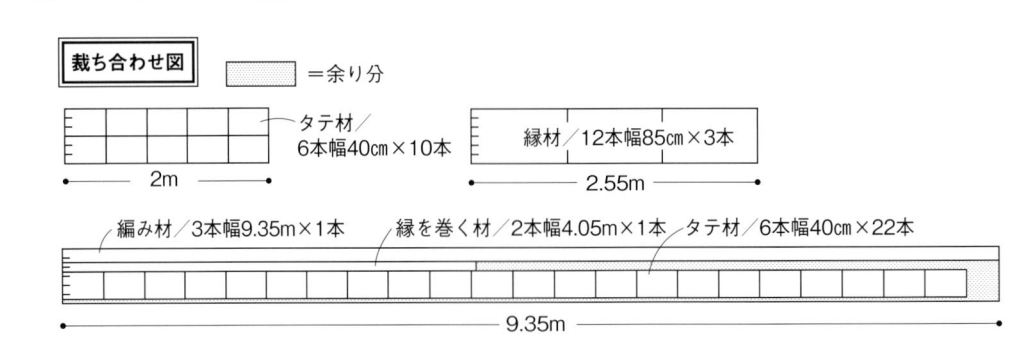

1 ◆ 底を作る

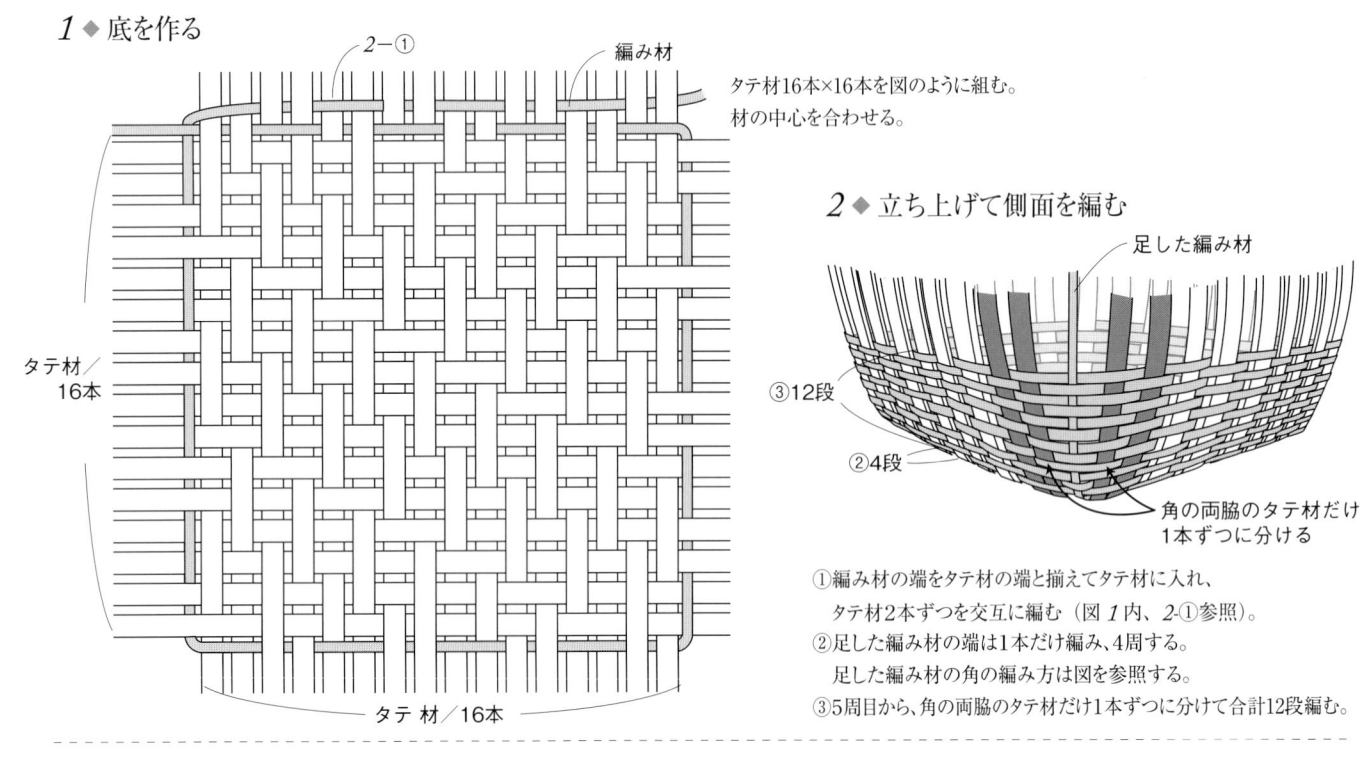

タテ材16本×16本を図のように組む。
材の中心を合わせる。

タテ材／16本
タテ材／16本
2-①
編み材

2 ◆ 立ち上げて側面を編む

足した編み材
③12段
②4段
角の両脇のタテ材だけ1本ずつに分ける

①編み材の端をタテ材の端と揃えてタテ材に入れ、タテ材2本ずつを交互に編む（図1内、2-①参照）。
②足した編み材の端は1本だけ編み、4周する。
　足した編み材の角の編み方は図を参照する。
③5周目から、角の両脇のタテ材だけ1本ずつに分けて合計12段編む。

3 ◆ 縁の始末をする

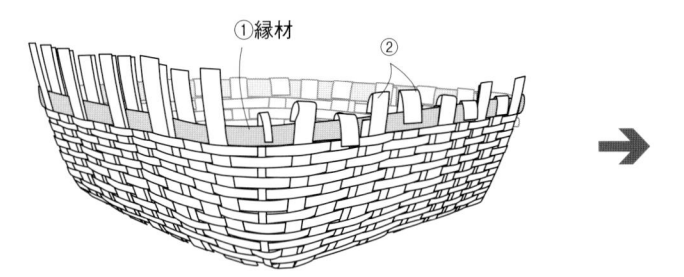

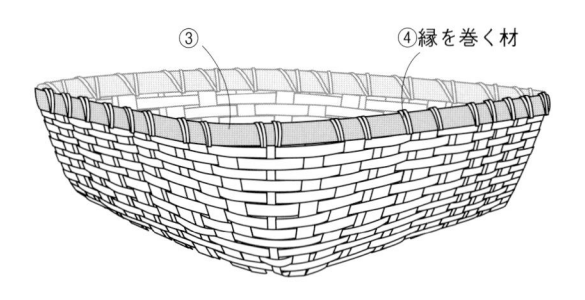

①縁材　②　　③　④縁を巻く材

①縁材1本で同様にタテ材を編んで1周し、両端を重ねる。
②縁材の内側にあるタテ材（2本が重なっている）のうち
　縁材側の方を縁材上端で切り、残りのタテ材は縁材に掛けて表側へ折る。
　そのほかのタテ材（2本が重なっている）も縁材側のタテ材を縁材の高さで切り、
　残りを縁材に掛けて内側に折り、縁材から下から出た端を切る。
③残りの縁材2本を表、内側に当ててクリップで固定する。
④縁を巻く材の端を縁材の間に挟んで巻き始める。
　2回ずつタテ材の間に入れて1周する。
　巻き終えたら、巻き材の端を縁材の中に入れて固定して余りを切る。

28 | 丸縁の大かご ◆ 29ページ

サイズ／直径28×高さ25cm
技法／組み編み
用量／クラフト37.7m
- **本体** 12本幅1.25m×28本
- **縁を巻く材** 3本幅2.7m×1本

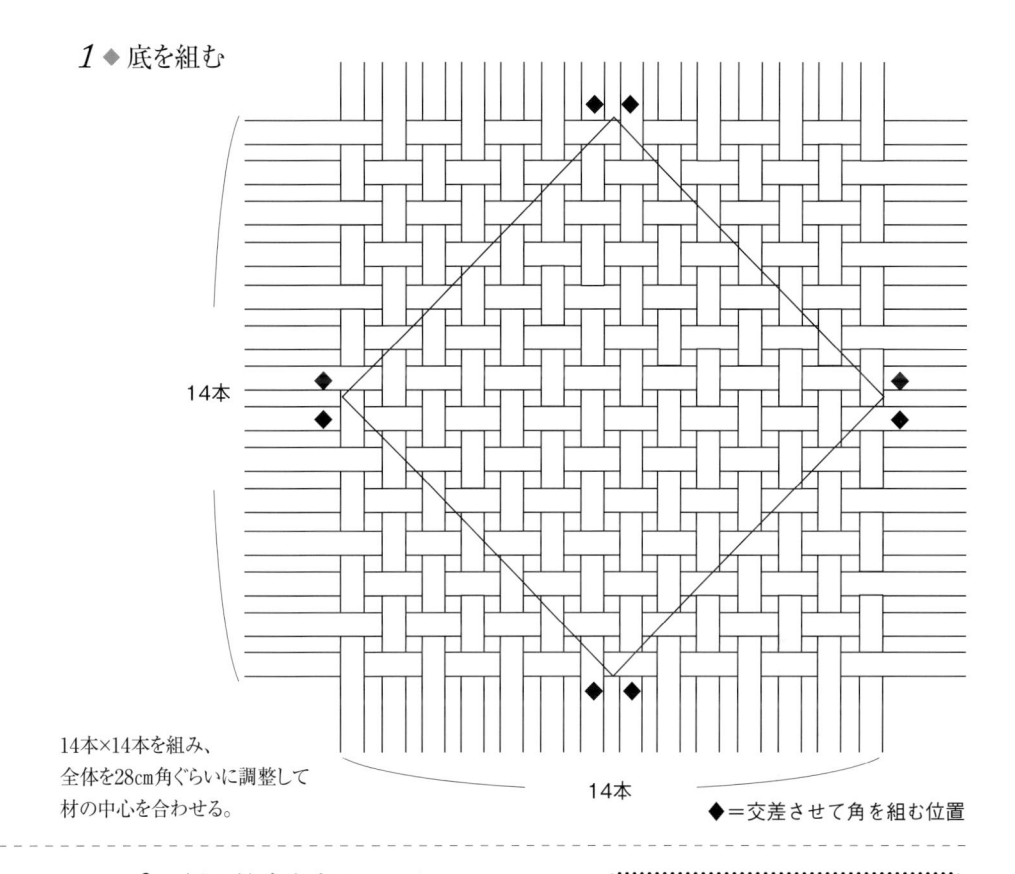

1 ◆ 底を組む

14本×14本を組み、
全体を28cm角ぐらいに調整して
材の中心を合わせる。

14本

14本

◆＝交差させて角を組む位置

2 ◆ 立ち上げて側面を組む

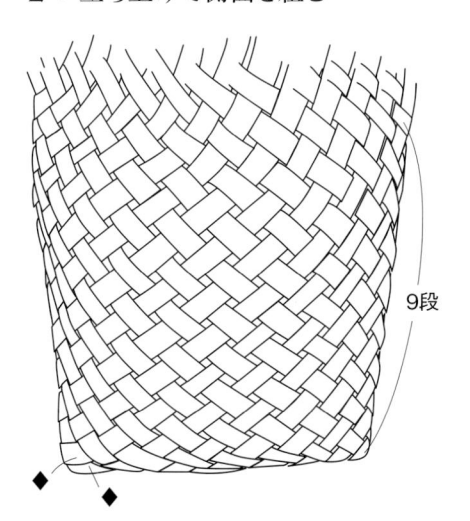

9段

◆印の材同士を交差して角を組む
48ページ、プロセス5を参照。
全部で4カ所組んで立ち上げ、側面を9段組む

3 ◆ 縁の始末をする

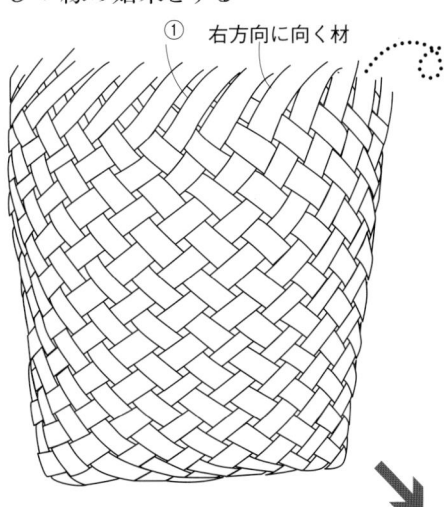

① 右方向に向く材

☆内側
4cm
②
表側から見たときに
右方向に向く材

表側から見たときに
左方向に向く材

縁を巻く材
③

①右方向、左方向に向く材を分け、
　右方向に向く材を外側に出す。
②左方向に向く材を長さ4cmに切り揃える。
③縁を巻く材の端を材の間に挟んで巻き始め、
　右方向の材を順に重ねて内側へ押えながら、
　巻き材で巻いて1周する。
　1周したら端を材の間に入れて余りを切る。

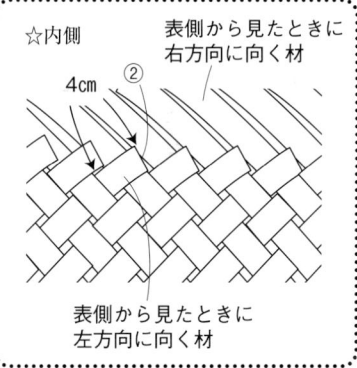

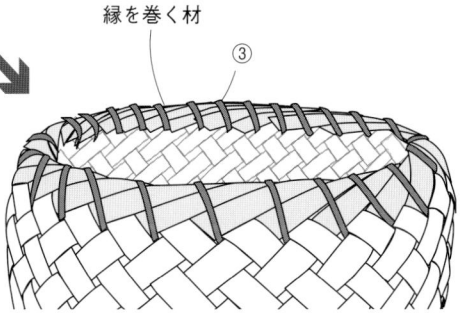

29 丸底のかご ◆ 30ページ

サイズ／直径19×高さ15cm
技法／織り編み
用量／抹茶13.3m
- タテ材　6本幅55cm×16本
- 編み材　2本幅3m×2本、3本幅3m×3本
- 縁材　　12本幅65cm×4本
- 縁を巻く材　2本幅3.3m×1本

準備／55cmを8本取り、タテ材6本幅で16本取る。3mを切り、編み材3本幅を3本、編み材2本幅を1本取る。3.3mを切り、編み材2本幅3m、縁を巻く材2本幅3.3mを各1本取る。縁材12本幅を65cmで4本取る。

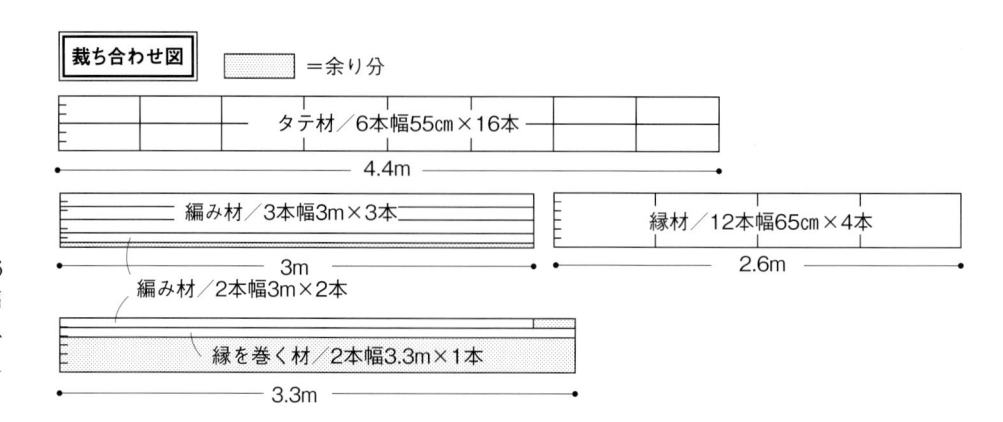

裁ち合わせ図　▨＝余り分

タテ材／6本幅55cm×16本　4.4m
編み材／3本幅3m×3本　3m
編み材／2本幅3m×2本
縁材／12本幅65cm×4本　2.6m
縁を巻く材／2本幅3.3m×1本　3.3m

1 ◆ 底を作る
① タテ材8本×8本を組む。材の中心を合わせる。
② タテ材を2本幅にそれぞれ割く。

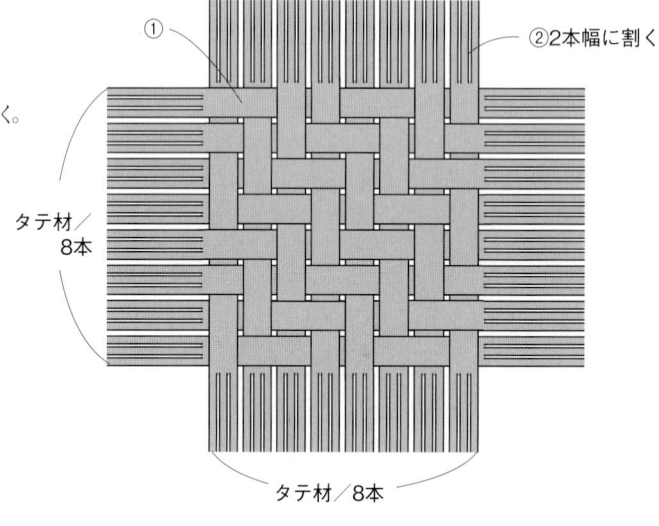

①　②2本幅に割く
タテ材／8本
タテ材／8本

2 ◆ 側面を編む
① 2本幅の編み材の先をタテ材の端に揃えて入れて、3本ずつタテ材を上下しながら編む。

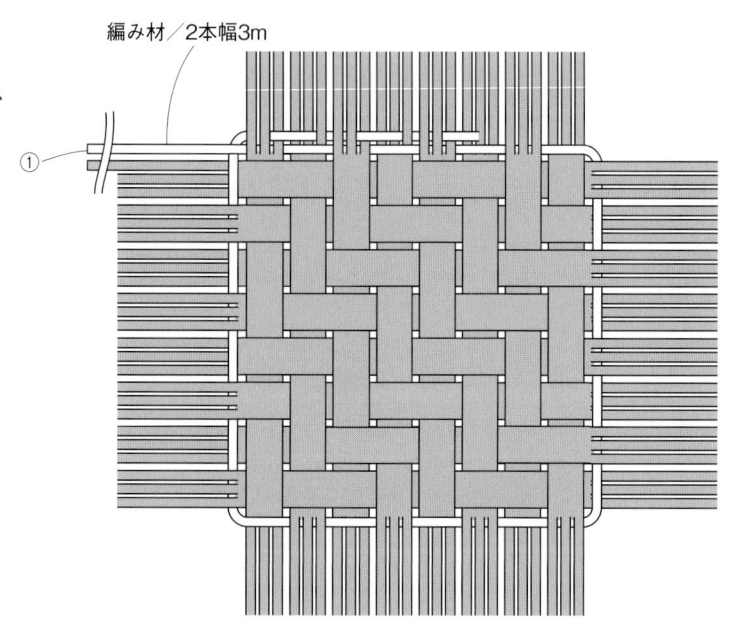

編み材／2本幅3m

②15段

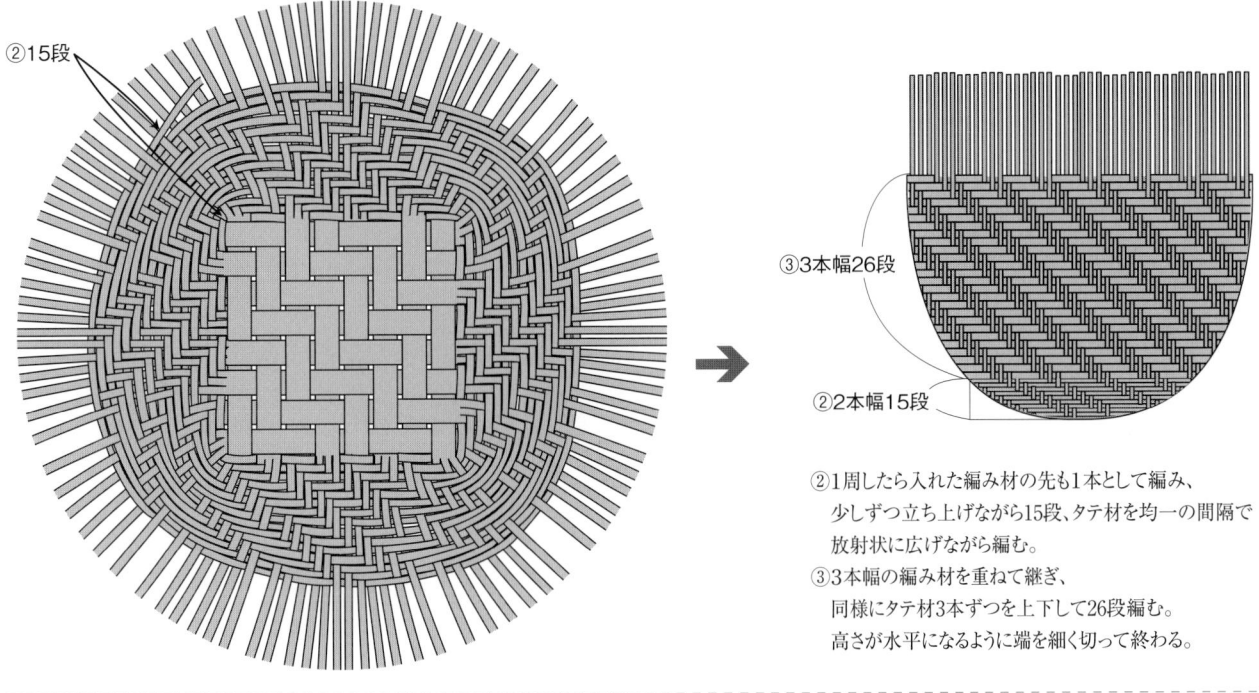

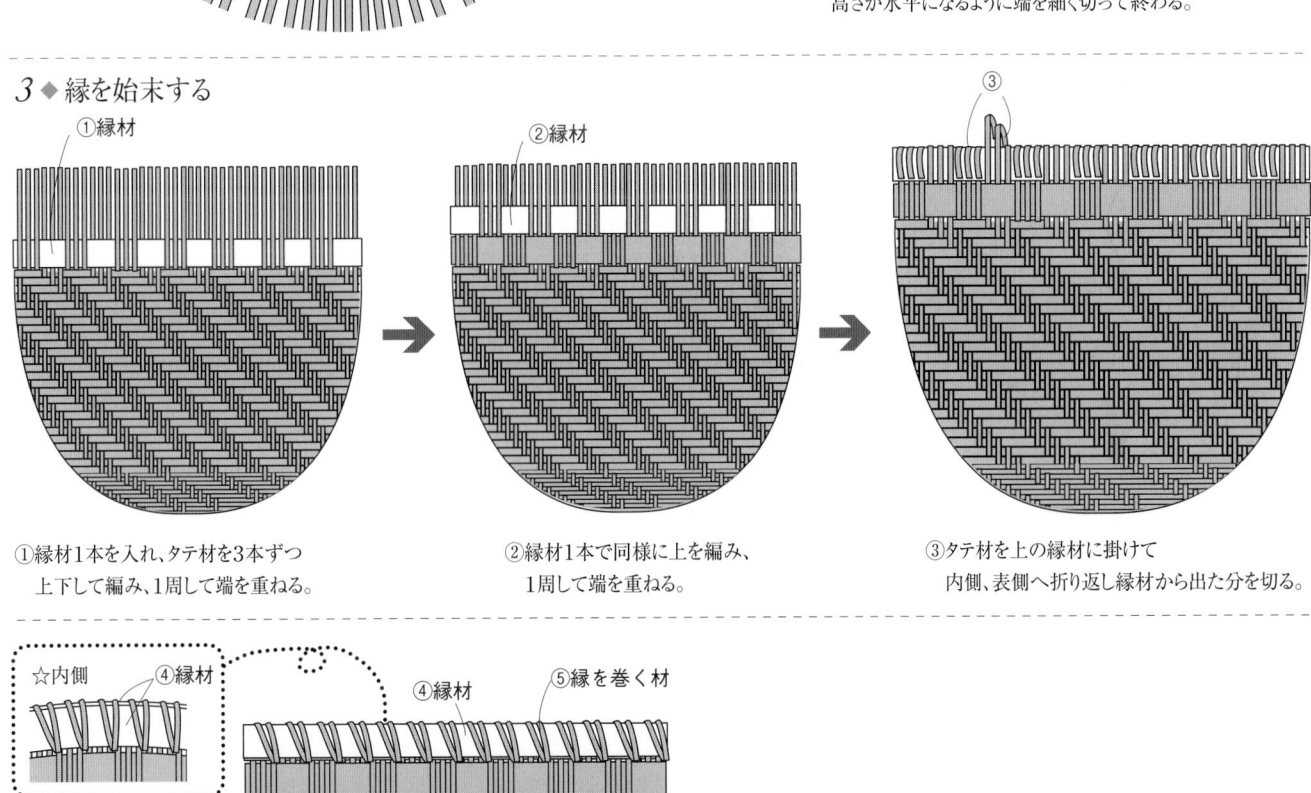

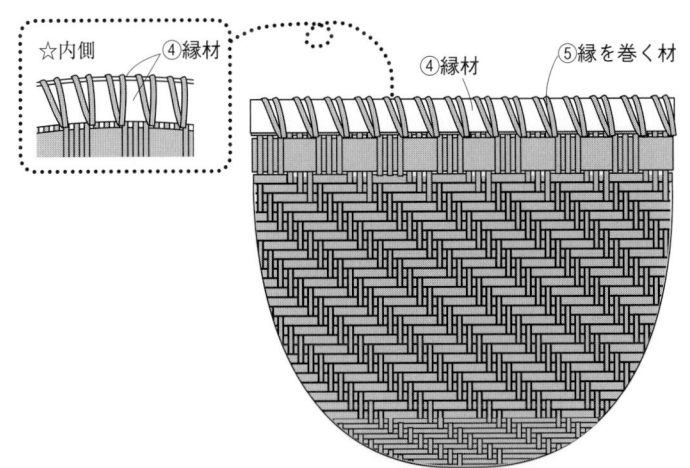

③3本幅26段

②2本幅15段

② 1周したら入れた編み材の先も1本として編み、
少しずつ立ち上げながら15段、タテ材を均一の間隔で
放射状に広げながら編む。
③ 3本幅の編み材を重ねて継ぎ、
同様にタテ材3本ずつを上下して26段編む。
高さが水平になるように端を細く切って終わる。

3 ◆ 縁を始末する

①縁材

②縁材

③

① 縁材1本を入れ、タテ材を3本ずつ
上下して編み、1周して端を重ねる。

② 縁材1本で同様に上を編み、
1周して端を重ねる。

③ タテ材を上の縁材に掛けて
内側、表側へ折り返し縁材から出た分を切る。

☆内側 ④縁材

④縁材　⑤縁を巻く材

④ 縁材2本を内、表側に当て、クリップで固定する。
⑤ 縁を巻く材でタテ材3本ごと、編み目に2回ずつ巻き入れて1周する。
端は縁材の間に入れて始末する。

91

30 花結びのバッグ ◆ 31ページ

サイズ／27×20cm
技法／花結び
用量／柿渋42.3m
- **本体** 4本幅2m×43本、4本幅30cm×24本、4本幅2.3m×8本
※上記は大体の目安。材によって残る長さが違い、実際の結びの大きさなどで用量は変わる。
- **縁材** 12本幅60cm×1本
- **縁を巻く材** 2本幅2.4m×1本
- **持ち手** 4本幅80cm×4本
- **持ち手を巻く材** 2本幅2.2m×2本

準備／2mを15本切って、本体4本幅を43本取る。30cmを8本切って、本体4本幅を24本取る。2.3mを3本切って、4本幅を8本取る。縁材60cmを12cm幅で1本切る。2.4mを切り、縁を巻く材2本幅を取る。残りから持ち手4本幅80cmを4本、持ち手を巻く材2本幅2.2mを1本取る。

裁ち合わせ図 ▨＝余り分

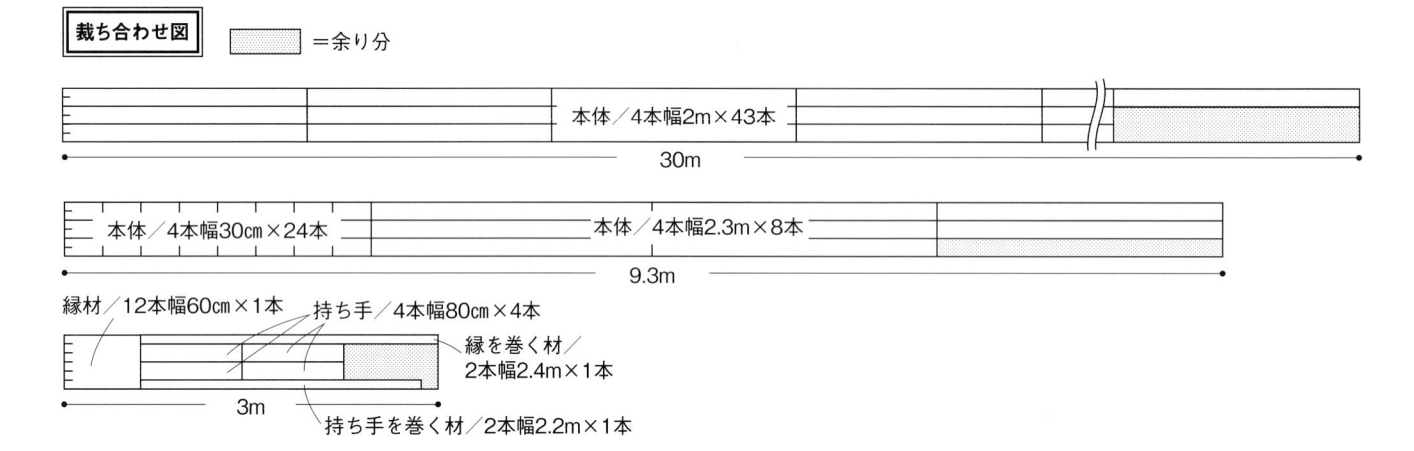

本体／4本幅2m×43本
30m

本体／4本幅30cm×24本　本体／4本幅2.3m×8本
9.3m

縁材／12本幅60cm×1本　持ち手／4本幅80cm×4本
縁を巻く材／2本幅2.4m×1本
3m
持ち手を巻く材／2本幅2.2m×1本

1 ◆ 花結びの結び方

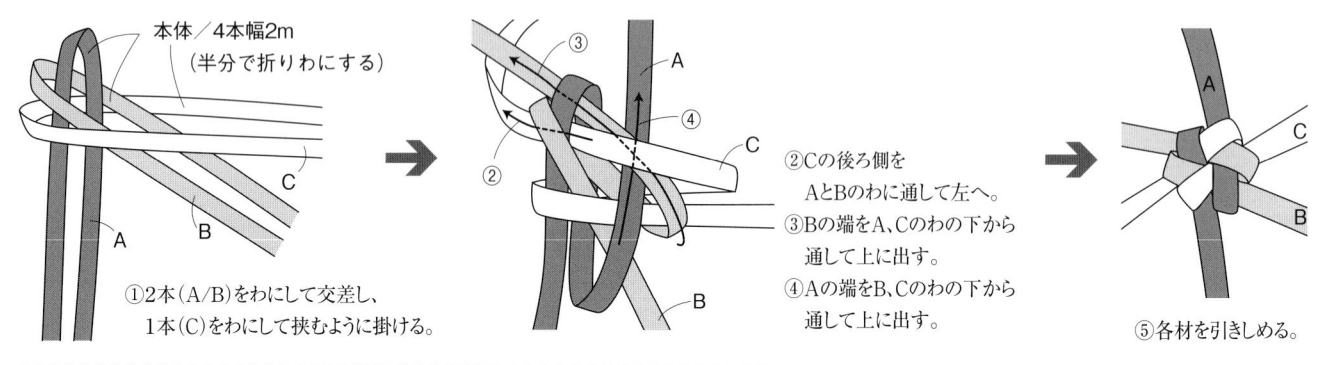

本体／4本幅2m（半分で折りわにする）

① 2本（A/B）をわにして交差し、1本（C）をわにして挟むように掛ける。

② Cの後ろ側をAとBのわに通して左へ。
③ Bの端をA、Cのわの下から通して上に出す。
④ Aの端をB、Cのわの下から通して上に出す。

⑤ 各材を引きしめる。

2 ◆ 底を作る

3cm

① 3本で1個を結ぶ（1参照）。
② Aを折る。
③ D、Eをわにして足す（1-①と同様）。

④ わの中にそれぞれ通して結ぶ（1-②〜⑤と同様）。

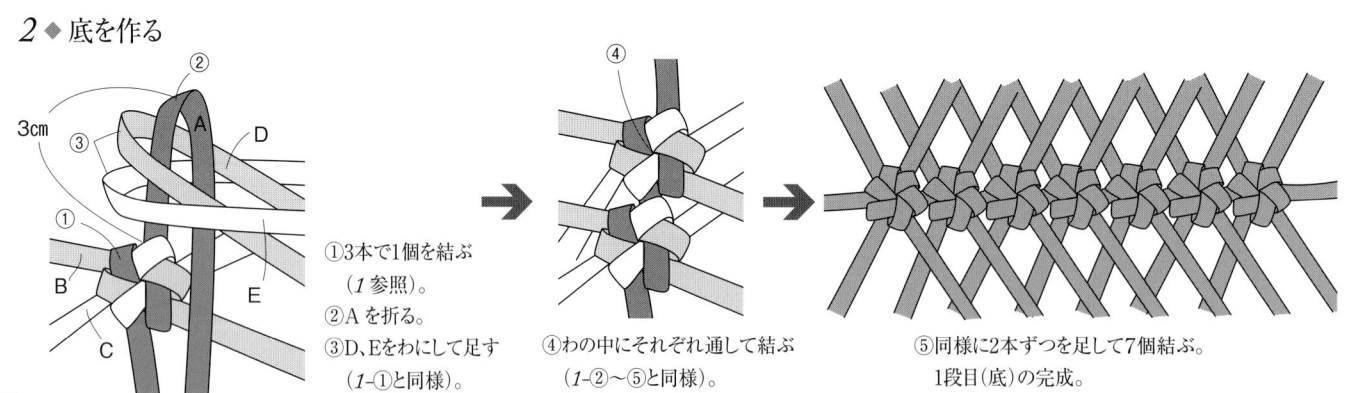

⑤ 同様に2本ずつを足して7個結ぶ。1段目(底)の完成。

3 ◆ 2段目を結ぶ

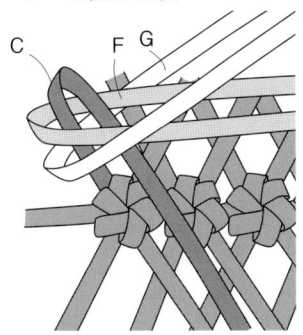

①1段目左端の1本の材(C)を折って別の2本(F/G)を足して結ぶ。

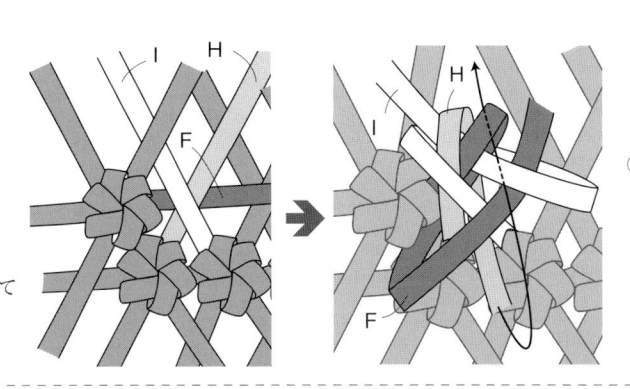

②左隣の①で作った結びの材(F)を折り、1段目左端の結びの材(H)を上に掛ける。
1段目、2個目の結びの材(I)で挟むように掛ける。結び方は1と同じ

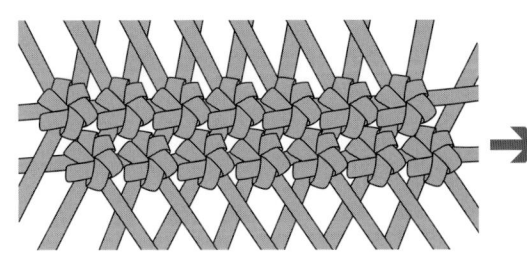

③続けて②と同じ要領で花結びを6個作る。

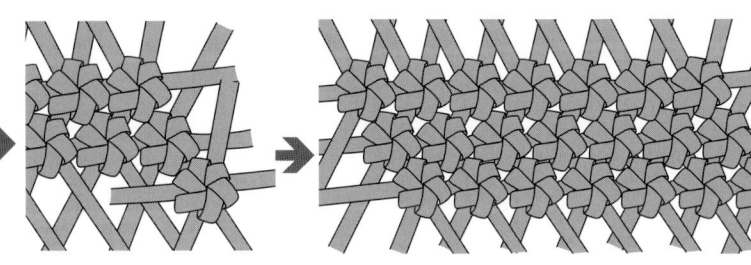

④1段目の右下に2本を足して1個を結び、続けて②と同じ要領で隣に6個結ぶ。

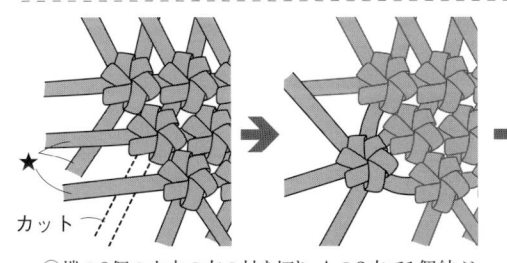

⑤端の3個の中央の左の材を切り、★の3本で1個結ぶ。

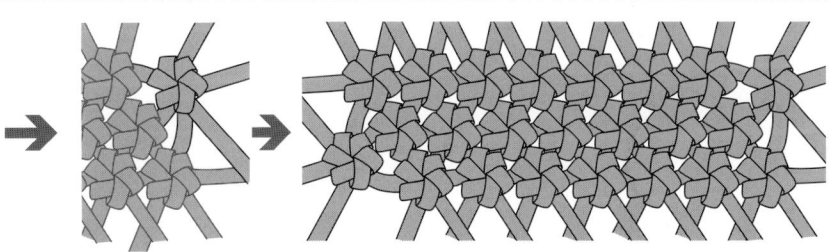

⑥同様に反対側でも結ぶ。2段目は16個の結びができる。

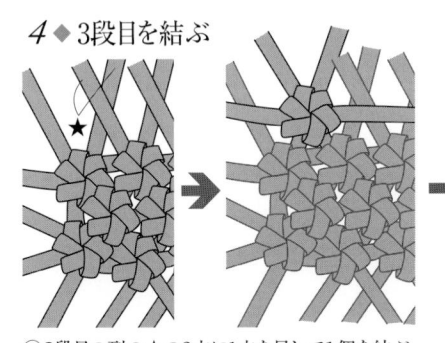

4 ◆ 3段目を結ぶ

①2段目の列の★の2本に1本を足して1個を結ぶ。

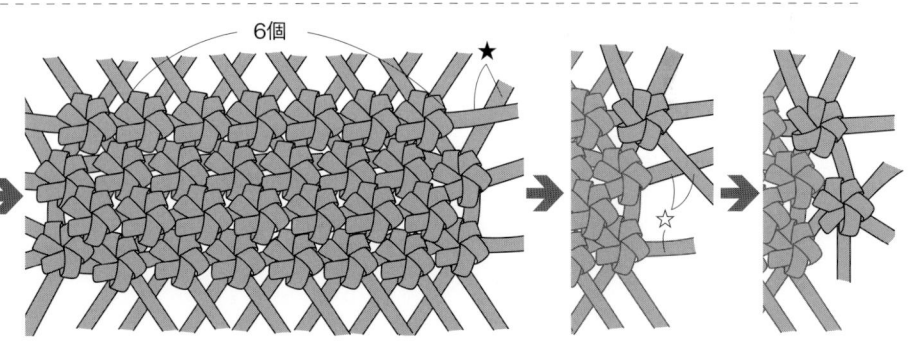

②右へ6個結ぶ。続けて端の★の2本に1本を足して1個結び、さらに☆の3本で1個結ぶ。

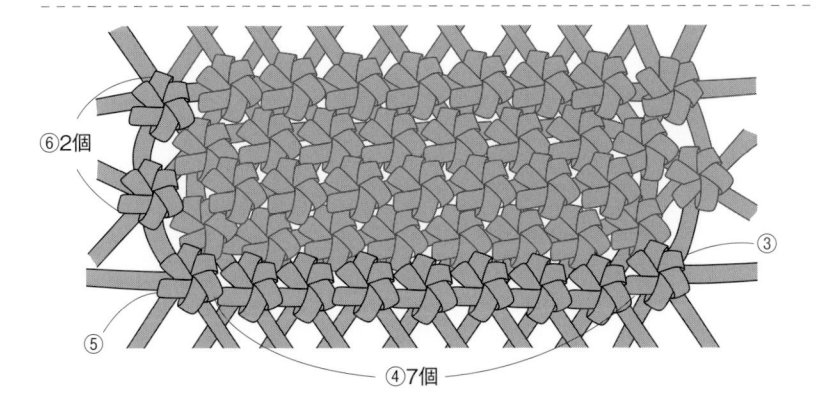

③1本足して1つ結ぶ。
④続けて左へ7個結ぶ。
⑤1本を足して1個結ぶ。
⑥続けて2個結ぶ。
　3段目は20個を結ぶ。

5 ◆ 4段目を結ぶ

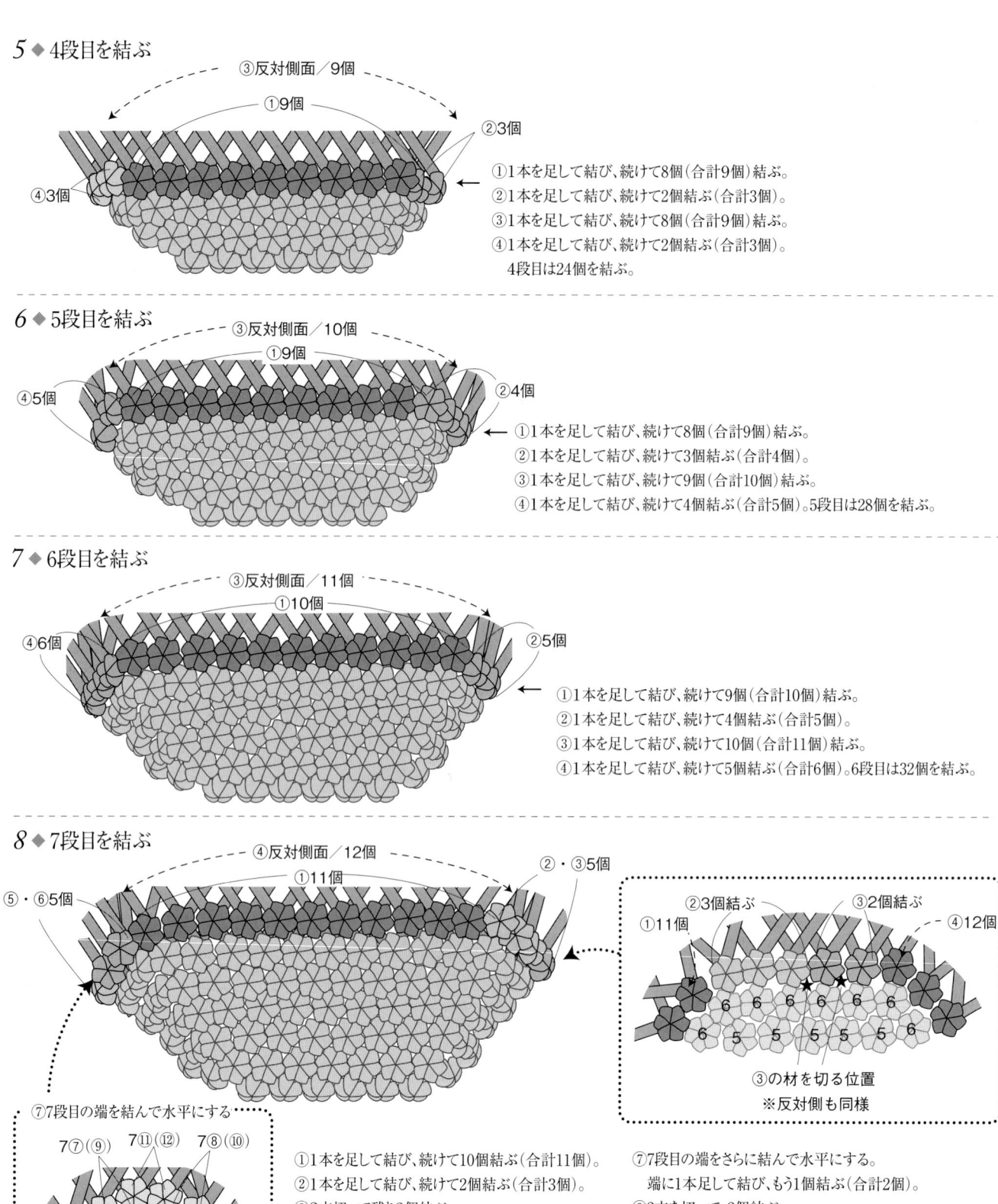

③反対側面／9個
①9個
②3個
④3個

①1本を足して結び、続けて8個（合計9個）結ぶ。
②1本を足して結び、続けて2個結ぶ（合計3個）。
③1本を足して結び、続けて8個（合計9個）結ぶ。
④1本を足して結び、続けて2個結ぶ（合計3個）。
4段目は24個を結ぶ。

6 ◆ 5段目を結ぶ

③反対側面／10個
①9個
②4個
④5個

①1本を足して結び、続けて8個（合計9個）結ぶ。
②1本を足して結び、続けて3個結ぶ（合計4個）。
③1本を足して結び、続けて9個（合計10個）結ぶ。
④1本を足して結び、続けて4個結ぶ（合計5個）。5段目は28個を結ぶ。

7 ◆ 6段目を結ぶ

③反対側面／11個
①10個
②5個
④6個

①1本を足して結び、続けて9個（合計10個）結ぶ。
②1本を足して結び、続けて4個結ぶ（合計5個）。
③1本を足して結び、続けて10個（合計11個）結ぶ。
④1本を足して結び、続けて5個結ぶ（合計6個）。6段目は32個を結ぶ。

8 ◆ 7段目を結ぶ

④反対側面／12個
①11個
②・③5個
⑤・⑥5個

②3個結ぶ
③2個結ぶ
①11個
④12個
③の材を切る位置
※反対側も同様

⑦7段目の端を結んで水平にする
7⑦(⑨)　7⑪(⑫)　7⑧(⑩)
★＝材を切る位置

①1本を足して結び、続けて10個結ぶ（合計11個）。
②1本を足して結び、続けて2個結ぶ（合計3個）。
③2本切って残り2個結ぶ。
④1本を足して結び、続けて11個結ぶ（合計12個）。
⑤1本を足して結び、続けて2個結ぶ（合計3個）。
⑥2本切って残り2個結ぶ。
⑦7段目の端をさらに結んで水平にする。
　端に1本足して結び、もう1個結ぶ（合計2個）。
⑧2本を切って、2個結ぶ。
⑨もう一方の端でも1本を足して結び、もう1個結ぶ（合計2個）。
⑩2本を切って2個結ぶ。
⑪端に1本を足して1個結び、2本を切って全部で2個結ぶ。
⑫端に1本を足して1個結び、2本を切って全部で2個結ぶ。

9 ◆ 8段目以降の結び方

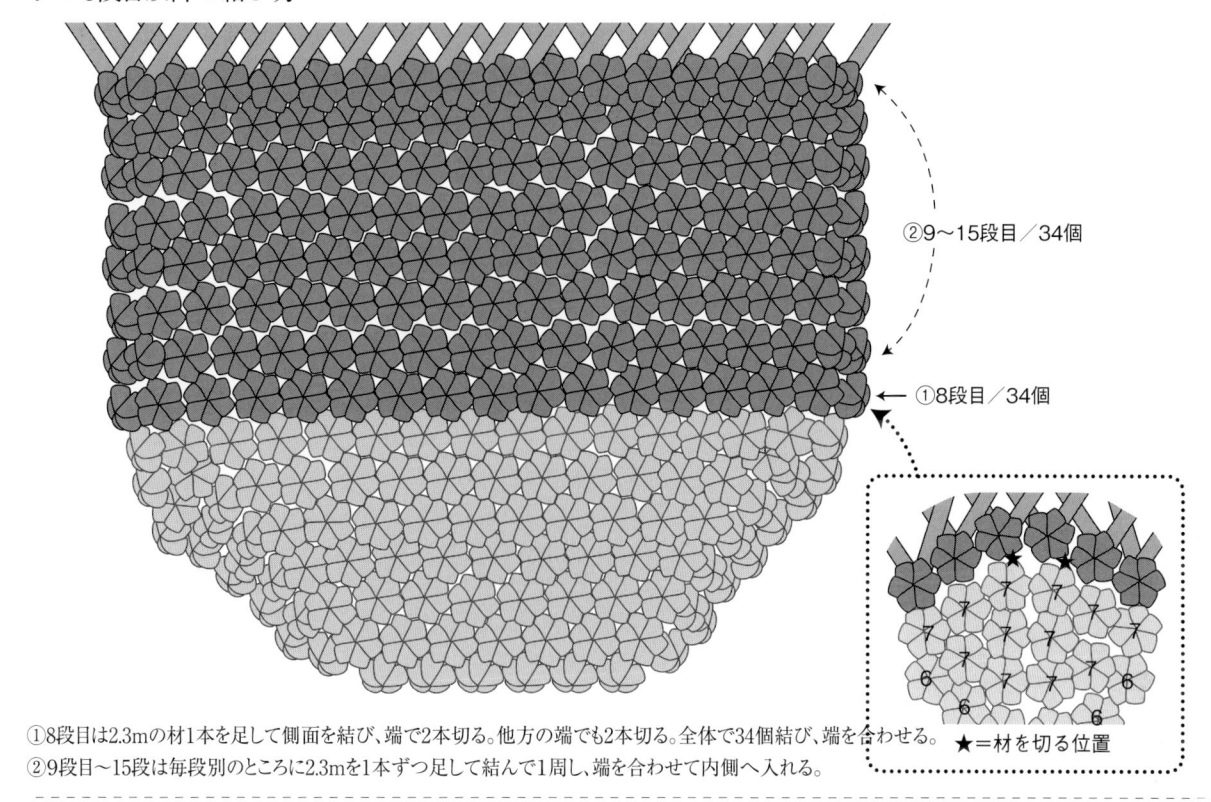

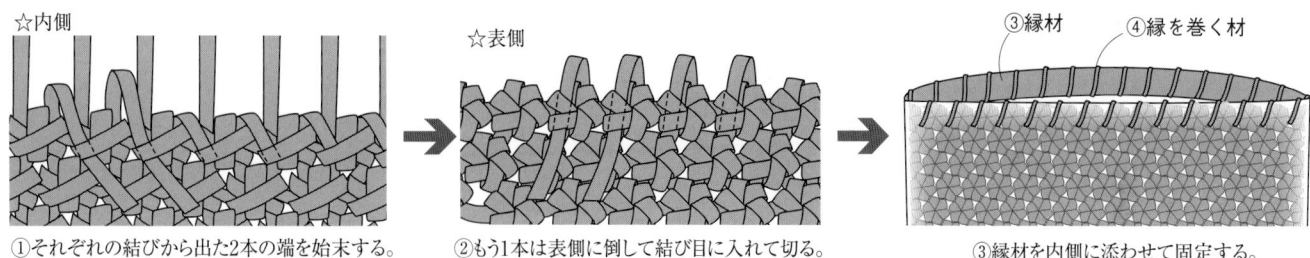

②9〜15段目／34個

①8段目／34個

★＝材を切る位置

①8段目は2.3mの材1本を足して側面を結び、端で2本切る。他方の端でも2本切る。全体で34個結び、端を合わせる。
②9段目〜15段は毎段別のところに2.3mを1本ずつ足して結んで1周し、端を合わせて内側へ入れる。

10 ◆ 縁を始末する

☆内側

☆表側

③縁材　④縁を巻く材

①それぞれの結びから出た2本の端を始末する。
1本は裏側に倒して隣の結び目に入れて切る。

②もう1本は表側に倒して結び目に入れて切る。

③縁材を内側に添わせて固定する。
④縁を巻く材でとめる。

11 ◆ 持ち手をつける

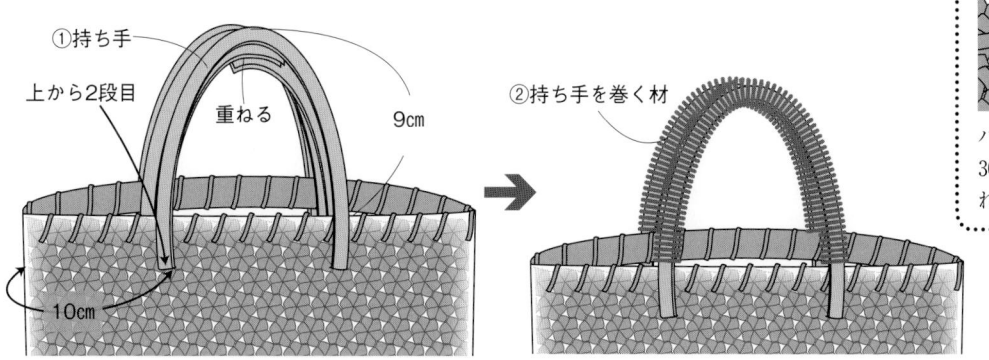

①持ち手
上から2段目
重ねる
9cm
10cm

②持ち手を巻く材

☆材の継ぎ方

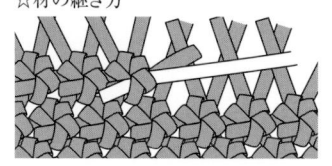

バッグの上部で材が足りなくなったら30cmの材を重ねて継ぐ。端は内側に入れる。

①持ち手2本ずつを内側と表側に通し、高さを9cmぐらいにして通す。

②持ち手を巻く材で端から持ち手を巻く。

著者　高宮紀子

バスケタリー造形作家。編み組みの技術や素材に興味を持つ。かごを展開した造形作品の展示や教室、縄文時代のかごの復元を通じてかごの楽しさを広めている。著書に『PPバンドで編む 毎日使えるプラかご』、『PPバンドで編む オシャレなプラかご』(ともに誠文堂新光社刊)がある。

http://www001.upp.so-net.ne.jp/basketry-idea/

協力

藤久株式会社
愛知県名古屋市名東区高社1丁目210番地
0120-478-020
http://www.crafttown.jp/

シュゲール(通信販売)
TEL 0570-783-658
受付時間　平日AM9:45 〜 PM5:00
ナビダイヤル…60秒ごと(携帯電話の場合20秒ごと)
におよそ10円の通話料金でご利用頂けます。
http://www.shugale.com/

オルネ ド フォイユ
東京都渋谷区渋谷2-3-3青山Oビル1F
TEL 03-3499-0140

谷中 松野屋
東京都荒川区西日暮里3-14-14
TEL 03-3823-7441

スタッフ

撮影　福井裕子(口絵)　外山温子(プロセス)
装丁・デザイン　橘川幹子
イラスト　為季法子
編集　菊地杏子

クラフトバンドで始める伝統の編み方30作品

和のかごとざる

NDC 754

2015年6月20日　発　行
2023年3月1日　第6刷

著　者　高宮紀子(たかみやのりこ)
発行者　小川 雄一
発行所　株式会社 誠文堂新光社
　　　　〒113-0033　東京都文京区本郷3-3-11
　　　　電話03-5800-5780
　　　　https://www.seibundo-shinkosha.net/
印刷・製本　大日本印刷 株式会社

©2015,Noriko Takamiya.　　　　　　　　Printed in Japan

検印省略
禁・無断転載
落丁・乱丁本はお取り替え致します。本書に掲載された記事の著作権は著者に帰属します。これらを無断で使用し、講演会や工作教室、ワークショップ、および商品化、販売等を行う行為を禁じます。

本書のコピー、スキャン、デジタル化等の無断複製は、著作権法上での例外を除き、禁じられています。本書を代行業者等の第三者に依頼してスキャンやデジタル化することは、たとえ個人や家庭内での利用であっても著作権法上認められません。

JCOPY〈(一社)出版者著作権管理機構 委託出版物〉
本書を無断で複製複写(コピー)することは、著作権法上での例外を除き、禁じられています。本書をコピーされる場合は、そのつど事前に、(一社)出版者著作権管理機構(電話 03-5244-5088／FAX 03-5244-5089／e-mail:info@jcopy.or.jp)の許諾を得てください。

ISBN978-4-416-31513-2